我的学科竞赛成长之旅

喻祖国　刘中望 / 主　编
王威燕　张　静 / 副主编

湘潭大学出版社
XIANGTAN UNIVERSITY PRESS

《我的学科竞赛成长之旅》编委会

主　编：喻祖国　刘中望

副主编：王威燕　张　静

编　委（按姓氏笔画排序）：

刘红良　肖虎程　张金斌

陈　旭　陈洋卓　揭　嘉

蒋海文　韩　雪　覃斌武

傅琼芳

序 言

习近平总书记强调："青年是国家和民族的希望，创新是社会进步的灵魂，创业是推动经济社会发展、改善民生的重要途径。青年学生富有想象力和创造力，是创新创业的有生力量。"参与学科竞赛，是青年学生提升创新精神、创业意识与创新创业能力的有效途径。

长期以来，湘潭大学高度重视学科竞赛工作，特别是近年来湘潭大学依托全国首批深化创新创业教育改革示范高校、全国创新创业典型经验高校以及首批国家级创新创业学院建设单位等高层次平台，致力于高质量开展学科竞赛，以赛促学、以赛促教、以赛促改、以赛促创，全面激发学生的学习兴趣与积极性，不断提升学生的学习能力、实践能力、创新能力和团队协作能力，为地方经济发展与社会创新贡献力量。一是加强顶层设计，制定《湘潭大学学生学科竞赛管理办法》及补充规定等制度文件，每年发布学科竞赛项目分类认定清单；二是搭建交流平台，在教务处主页设立"学科竞赛"专栏，通过学校主页和公众号充分展示获奖学生的风采；三是构建实践平台，以"创新创业学院＋创业孵化基地＋院系实验室"的实践平台，为学生创新创业提供坚实基础；四是启动"竞创未来"系列讲座，邀请指导老师和优秀参赛代表分享经验，截至目前，已开展14场讲座，参与人数超过6000人，营造了浓厚的创新创业氛围；五是不断加大支持力度，设立学科竞赛专项经费，设置创新创业专项教改课题，并将学科竞赛纳入推荐免试攻读研究生管理办法，充分调动广大师生参与的积极性。

近五年，学校在学科竞赛中成果斐然，获得省级以上奖励8849项，其中国家级特等奖57项、一等奖356项、二等奖1190项，参赛学生超过13万人次。在2023年全国大学生数学建模竞赛中，学校斩获国家级一等奖5项、二等奖5项，位列全国第2；连续12年在“全国大学生化工设计竞赛”中获得国家级一等奖，2023年更是取得特等奖的突破；在第十八届“挑战杯”全国大学生课外学术科技作品竞赛中荣获特等奖；还多次获得国际大学生程序设计竞赛、全国大学生数学竞赛国家级一等奖等高级别奖项。通过学科竞赛的辐射与牵引，学校获批国家级大学生创新创业训练计划项目322项、省级694项，发表相关论文千余篇，申请专利600余项。同时，孵化创业项目近300项，其中4个在孵项目获得“湖南省大学生创业投资基金”支持，涌现出一批创新创业典型与创业实体。

本书从获奖学生的视角，生动讲述了参与学科竞赛的全过程、真感悟与新收获，全面展示了学科竞赛带来的实战技能提升、核心竞争力增强以及自我超越，旨在为广大学生开启一扇深入了解学科竞赛魅力与价值的窗户，激励学生踊跃投身其中，进而有力推动高校创新创业教育生态体系的蓬勃发展，为高校培育高质量、复合型人才注入强劲的动力。

湘潭大学校长　廖永安

目　录

基础学科类

人文社科类

电子信息类

创新创业类

基础学科类

基础学科是高校人才培养与科研创新的核心根基，是高校的学术高度与综合实力的体现，与国家战略需求和社会发展紧密相连。参加基础学科类学科竞赛是连接理论学习与实践创新的桥梁，对于学生的成长和发展具有重要意义，不仅可以帮助学生获得更多知识，提升自主思考和独立解决问题的能力，还能为学生的升学和未来发展提供有力支持。

湘潭大学重视基础学科建设，学校获评教育部数学基础学科拔尖学生培养计划 2.0 基地（湖南省属高校唯一）、入选全国“英才计划”实施高校（湖南省属高校唯一）。学校坚持以学生发展为本，成立了数学类、力学类、物理类、化学类等学科竞赛指导教师团队，学生参与学科竞赛的热情越来越高，2020 年至 2024 年，共有 20178 人次参与到各级各类基础学科竞赛中，共获得 2188 项省级以上奖励，其中国家级特等奖 2 项，一等奖 66 项，二等奖 145 项，三等奖 73 项；省级特等奖 6 项，一等奖 473 项。

不忘初心，用热情拥抱成功

范　楷

大一入学时，我就明确了未来的方向是数学研究。源于热爱，付诸行动，本科期间我连续三年参加了全国大学生数学竞赛，获得了三个全国一等奖，借此机会分享自己参加竞赛的经验。

图 1　获奖证书

勤于练习要贵在坚持。想在数学竞赛中取得好成绩最重要的一点是坚持。一方面，数学竞赛题目技巧性较强，需要通过大量做题练习进行积累。许多解题方法若是没有在日常训练中见过，考场上几乎不可能做得出来，如拉普拉斯方法等。另一方面，靠做题保持手感也很重要，一些考研公众号中有每日一题的活动，实际上如果是准备数学竞赛，每日一题是远远不够的（当然也很有可能一道题想好几天都想不出来）。

备赛漫长要调整心态。准备数学竞赛的周期是漫长的，一般在一个月以上（第一次参加竞赛的话，可能要准备三到四个月）。这个过程实际上是比较痛苦的，每天做题看书，难免会感到枯燥，特别是题目做不出来的时候。我也曾数次十分烦躁，内心萌生出放弃的想法，但越是这样越要注意对心态的调节。遇到不会做的题目很正常，哪怕我已经拿过三个一等奖了，仍然还是有很多题目不会做，所以一定要保持平常心。

不打无准备的“仗”要做好赛前模拟规划。一定要在赛前一个月制定好相关计划，可以每隔几天做一套往年真题，太久远的就不用做了，没有太多参考价值。自己计时，模拟考场上的环境。实际上，在考场上的感觉和平时做题完全不一样。有的人可能紧张，且考试时间有限，很难发挥出正常水平。但我正好相反，在考场上的状态反而比平时要好，会更兴奋一些，思维也更快一些。这就是人与人之间的不同，但考前模拟能在一定程度上帮助考场发挥。

关注答题细节才能提高分数上限。考场上的很多细节是值得我们注意的地方。首先，要提前规划好答题纸空间，避免因答题纸不够而写不完题目。其次，要写清解题过程，数学竞赛阅卷存在主观性，避免因为跳步而导致误判。最后，对于不能完全做出来的题目，要尽可能把所有的想法都写在答题纸上，或许能够猜中踩分点，或者在这个过程中推出最后的结果。

图 2　获奖证书

对我而言，参加数学竞赛的收获很多。虽然保研之路并不是一帆风顺，我也曾因落选心仪院校而备受打击，感到无助迷茫，但正是因为拿了全国一等奖才得到了复旦大学直博生面试的机会。除此之外，收获更多的是心态上的磨炼。我是个比较容易急躁的人，遇到事情心情起伏很大，准备数学竞赛让我沉稳了不少，因为很多时候急也没有用，不会做就是不会做。以后的科研生活更是如此，可能几个月都没有一点进展，只能不断地尝试各种方法。

最后我想说，不要太把竞赛结果放在心上，不管是成功还是失败，总会有成长与收获。特别是对于想走上科研道路的人来说，竞赛和科研二者间的差别很大，在竞赛上取得成功并不意味着在科研上就能一帆风顺，同样在竞赛上失败也不意味着无法在科研上取得成功。人生是一场马拉松，数学研究也是，希望大家都能坚持下去，实现自我。

作者简介

范楷，数学与计算科学学院 2020 级数学类韶峰班本科生。曾获第十三届全国大学生数学竞赛决赛（数学类低年级）一等奖、第十四届全国大学生数学竞赛决赛（数学类高年级）一等奖、第十五届全国大学生数学竞赛决赛（数学类高年级）一等奖等奖项。

走好每一步，你我将终身受益

谷　海

全国大学生数学建模竞赛覆盖广、认可度高，能显著提升科研思维、写作水平与创新能力，锻炼团队协作与沟通能力。同时，数学建模具有很强的交叉性，备赛的过程有助于参赛者深入了解不同领域和专业，更好地确定未来的研究方向和发展路径。总体而言，这是一次非常宝贵的学习和成长机会，“一次参赛，终身受益”。2021 年，我在高教社杯全国大学生数学建模竞赛本科组中获得二等奖，这段经历可以分为组队、备赛、发现与解决问题等几个阶段。

图 1　获奖证书

在组队阶段，建议跨学科组队，确保整个队伍在建模、编程、写作、文献阅读与理解、逻辑等能力方面全面覆盖。理想的组合是：一人负责建模，一人负责编程，一人负责写作。同时，负责写作的成员应对建模有一定的理解，并具备良好的逻辑思维和文献阅读总结能力。负责编程的成员需要提前熟悉常用的模型代码，并具备一定的算法理解能力。负责建模的成员最好能将构建的模型整理成一个简洁的模型流程文档，使得每个成员都能专注于某一方面，并辅助其他方面。

在备赛阶段，根据指导老师的安排学习相关的数学模型和代码，完成模拟题。详细分析历年数学建模国际赛一等奖论文，结合模拟题对应进行深入分析。在分析过程中，建议整个团队一同浏览论文，了解其核心框架。在此基础上，建模、编程、写作成员分别对模型构建、算法实现、写作方式进行详细分析，并与其他成员进行讨论。最后，全队共享学习成果，总结经验，共同解决问题。

在备赛和比赛过程中，最常见的问题包括队员之间的磨合、时间分配和模型搭建。采用“一主一辅”模式可以有效解决上述问题。如果发现队员工作不均衡或不合适，建议及时重新组队，或者主动多做一些工作，而不是一味抱怨。时间分配可以划分为前期的模型学习阶段、中期的模拟和论文分析阶段，以及后期的总结冲刺阶段。具体的时间划分可以根据团队成员的能力而定。在模型搭建方面，可以通过前期学习积累基础模型，中期模拟分析改进方法，比赛期间广泛阅读文献寻找创新点。

祝愿大家旗开得胜，在比赛中取得理想成绩，并在挑战与合作的过程中，收获友谊、提升能力，为美好而又短暂的四年大学生活再添一抹色彩。

作者简介

谷海，数学与计算科学学院2019级信息与计算科学专业本科生。曾获国家奖学金、宝钢优秀学生奖、“芙蓉学子·榜样力量”道德风尚奖，湘潭大学十佳大学生等荣誉；2021年高教社杯全国大学生数学建模竞赛本科组二等奖、第十二届“挑战杯”中国大学生创业计划竞赛铜奖等奖项10余项。主持国家级大学生创新创业训练项目，顺利结项并获评优秀，入选全国大学生创新创业年会改革成果项目。

携手化工设计，共创美好未来

杨宇萌

在大学四年的生活中，“坚持”于我而言是不可或缺的法宝。“坚持很重要，重要到如果没有它，其他的成功因素都无效。”我始终坚持挑战自我、充实自己，以提高化工专业基础为目标，为化工行业贡献力量。为了不断提高专业能力，真正将化工理论应用于生活实践，我积极参加全国大学生化工设计竞赛和全国大学生化工过程数字创新竞赛，收获匪浅，对化工专业也有了更全面的认知。

荣誉证书
CERTIFICATE OF HONOR
“天正设计杯”第十七届全国大学生化工设计竞赛
特等奖
获奖学校：湘潭大学
获奖学生：杨宇萌、胡艳、刘志豪、王捷、曾彦霖
指导教师：揭嘉、易争明、熊伟、李正科

图 1　获奖证书

全国大学生化工设计竞赛是全国高校化工专业级别最高、参赛队伍最多、影响力最大的年度大赛，已成为高校培养学生综合素质、创新思维和工程能力的重要推动力量和第二课堂。大一初期，听学长学姐们介绍化工专业时，我就了解到这个比赛能够系统性提高设计能力，因此对化工设计充满着

向往。

学习积累，首次参赛。通过大一对专业课程的学习和拓展，以及请教优秀学长学姐们比赛的相关事项，我在大二学年积极报名科创中心工艺组。科创中心分为工艺、工程、平面、立体四个组，工艺组主要负责用化工模拟软件 Aspen plus 搭建工艺流程，工程组主要对化工设备进行设计选型与校核，平面组负责绘制设备条件图、设备装配图、物料平衡图、物料流程图、管道仪表流程图、厂区总平面布置图等，立体组则主要绘制车间平立面布置图、车间管道轴测图。通过组长讲师授课对工艺流程设计进行学习，我第一次组建团队共同完成设计作品，并在湖南省大学生化学化工学科竞赛中获得一等奖，但由于对团队合作和评分细则把握不准，最终未能在国赛中取得理想成绩。

愈挫愈勇，重新备赛。留任科创中心工艺组讲师后，我通过自学给学员授课，重新组建队伍参加比赛。自 2022 年 12 月发布任务书以来，团队工作一直持续到 2023 年 8 月底。第一年参赛的教训让我在这次比赛中尤为注重团队合作，初期我们每周一开展任务讨论及搜索资料工作分工。团队成员搜索的大量工艺资料尤为重要，也为市场调研提供了充分依据。

全力突围，晋级决赛。确定生产工艺方案时，由于缺乏经验导致部分工作返工，我们积极联系指导老师，易老师专业的耐心指导对我们的帮助极大，同时我们也会定期向易老师汇报比赛进度，优化设计。在比赛中，我主要负责工艺方案设计、Aspen 模拟流程、节能设计以及文档的说明，遇到工程的换热器选型不合适时，团队配合进行适当的调节优化，而且在每个预定的时间节点很好地完成了制定的任务。提交作品的前一个星期，团队一起查漏补缺，终于迎来了华南赛区初评成绩第一的好消息。我们制作 PPT，优化答辩稿，每一次预答辩，老师们都会给我们提出很多专业的建议，利用化工原理知识针对不合理的设计进行修改。我们每天都会进行大量的自我演练，确保答辩稿能够脱口而出。在福州大学的华南赛区总决赛中，我们在突围小组赛中取得总决赛第一名的好成绩，荣获华南赛区金奖，成功晋级全国总决赛。“坚持”始终是关键所在，坚持走下去的每一步都是在朝着更好的方向发展。

精益求精，创下新高。国赛的准备工作十分辛苦，需要全面优化 PPT 和答辩稿，老师们帮我们检查文档和图纸的不足之处，提出许多修改建议，熊老师更是从工艺设计出发，一步一步帮助我们细化问题，仔细地更正不足，让我更加清楚地了解了动静设备和公用工程的使用规定。短短一周的时间过去，我们出发前往青岛中国石油大学参加全国总决赛，来自七个赛区的 60 支队伍同台竞技，我们比在华南赛区赛时更加紧张，大家相互加油打气，中间虽然出现了设备问题，但成员们能够迅速反应并解决问题，很好地完成了第一轮答辩，成功入围第二轮国赛答辩，打破连续十年全国一等奖的记录，创下湘潭大学全国化工设计竞赛历史新高，荣获全国总决赛特等奖。

图 2　团队合影

坚持不懈，敢于挑战。大四这年，我并未松懈，而是继续探索挑战自我。“百子尖杯”全国大学生化工过程数字创新竞赛是推动化工发展，激发学科交叉融合内生动力，促进复合型、创新型人才培养的学科竞赛。作为一名化工专业的学生，我对于装置节能优化、工艺技改十分感兴趣，下定决心参加这个比赛。自 2023 年 11 月开始，我作为比赛的第一棒，依据任务书和有关数据资料进行稳态模拟搭建以及模拟精度的准确性计算。在这个过程中，我有过迷茫，因为所能参考的作品少之又少。对此，我们能做的就是敢于挑战，和指导老师交流流程搭建是否需要拆塔，数据是否合理。终于，我们等来了入围全国总决赛的好消息，来到南京工业大学参加全国总决赛。团队和指导老师经过几个夜晚的修改和排练，最终，湘潭大学代表队成功获得了“百子尖杯”全国大学生化工过程数字创新竞赛一等奖。

在丰富多彩的大学时光里，我有幸参与化工竞赛，十分感谢每一位指导老师的指导与帮助。这场竞赛汇聚了众多优秀的学子，我们在知识的海洋中激烈角逐，不仅锻炼了个人实践能力，更深刻感受到了知识竞赛的独特魅力。

作者简介

杨宇萌，化工学院2020级化学工程与工艺专业本科生，保送至华南理工大学攻读研究生。曾获湘潭大学“赣锋梦想助力”奖学金、甲等奖学金、三好学生、优秀团员、优秀毕业生等荣誉；“天正设计杯”第十七届全国大学生化工设计竞赛华南赛区金奖、全国总决赛特等奖，湖南省大学生化学化工学科竞赛一等奖等奖项3项。参与国家级大学生创新创业训练计划项目1项，发表论文1篇。

传湘大精神，培力学思维

黄逸飞

1985年，湘潭大学成立了国内第一家流变力学研究所。时至今日，湘潭大学已拥有“一般力学与力学基础”国家重点学科，力学学科成为国家“十二五”重点学科、湖南省“双一流”学科。力学系继承了首任流变所所长袁龙蔚先生的志向，重视学生的培养和锻炼，而力学竞赛则是本科生培养教育的重要一环。

力学竞赛分为省力学竞赛和全国周培源大学生力学竞赛。20世纪80年代，为了打破科技队伍断层和人才匮乏的制约，首届全国周培源大学生力学竞赛开赛。全国周培源大学生力学竞赛每两年举行一次，包括个人赛和团体赛。个人赛采用闭卷笔试方式，试题覆盖理论力学、材料力学等内容。团体赛又分为“理论设计与操作”和“基础力学实验”两部分。省力学竞赛每年举行一次，在全国周培源大学生力学竞赛举办年，省竞赛与全国竞赛同时进行，在非全国周培源大学生力学竞赛举办年则单独举行。

这两种比赛的试题特点不同。全国周培源大学生力学竞赛的题目需要写清解答步骤，更看重学生对基础知识的掌握和灵活运用的能力。省力学竞赛的题目为填空题，只需填写最终答案，更看重计算能力和熟练程度。

对于数学物理类竞赛来说，数学知识的熟练运用是十分必要的，强烈建议同学们踏实学好高数等基础课程和力学专业课程。在大一期间，我十分重视对高等数学的学习，通过整理提纲的形式不断加深理解并形成知识体系，这种学习方法被我应用于各类理工科知识的学习中，都取得了很好的效果。

我于 2018 年参加了第十四届湖南省大学生力学竞赛。大二上学期，我紧跟专业课程节奏，做完了《材料力学》（刘鸿文版）的例题与课后习题，以此作为材料力学的知识储备。利用寒假时间，我做完了《理论力学》（哈工大版）的例题与课后习题，以此作为理论力学的知识储备。进入大二下学期，我以培训典礼和校赛为两个分界线，将竞赛的备赛规划划分为三段，即培训的前、中、后。在培训前，我对两套基础教材多次回顾，整理错题，归纳总结。在培训过程中，一方面结合刘又文教授的课件与教材复习理论力学，另一方面利用课余时间大量积累《材料力学难题分析》的习题，进一步完善知识体系。在培训后，我重新对知识进行梳理，建立知识提纲，翻阅错题难题，并对部分知识强化记忆。最终，我取得了校赛第一名与省赛一等奖的成绩。

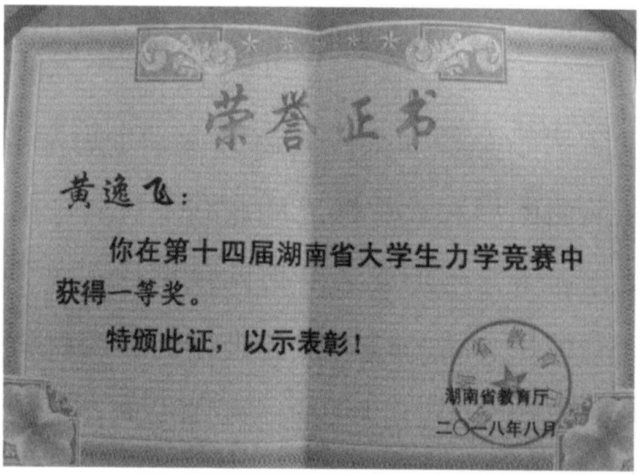

图 1　获奖证书

2019 年，我继续参加了第十二届全国周培源大学生力学竞赛暨第十五届湖南省大学生力学竞赛。我将备赛时间以开学、校赛为分界线分成三个阶段。寒假期间，我做完了《理论力学难题分析》的题目。校赛前，我将之前做过的题目重新进行梳理，复习《理论力学》（哈工大版）和《材料力学》（刘鸿文版）的题目。校赛后，我结合《材料力学难题分析》《力学小问题及全国大学生力学竞赛试题》进行复习，归纳相似题型的解题技巧，做完了《全国周培源大学生力学竞赛赛题详解及点评（2017 版）》。最终取得校赛第一名、省赛一等奖、国赛三等奖的成绩。

图 2　获奖证书

两年的力学竞赛经历培养了我的力学思维。力学竞赛的题目往往来自实际生活和科研项目中力学问题的提炼，本质是力学建模的过程。通过力学建模，将实际问题抽象成力学问题，再通过合适的假设或简化抓住问题的主要矛盾，从而建立控制方程并解得答案。在做题的过程中，能够感受到出题人对问题的理解与建模的思路。这种通过力学建模解决问题的思维模式为我的科研工作提供了重要的支持。

湘潭大学在学科竞赛方面给予了每个学生平等的机会，我对此始终抱有感激之情。备赛的过程是培养学习能力的过程，通过广泛的练习与归纳总结，多角度理解并不断完善自己的知识体系；积极地阅读文献与教材，锻炼自己快速接受新知识的能力；不断学习新技能，提高自己搜集信息与运用软件的能力；鼓励参与科研项目，理论联系实际，在应用中强化基础。我十分感谢学校以及尹久仁、唐平、丁燕怀、姜勇等指导老师在竞赛期间的辛勤付出。希望同学们能够在竞赛的同时，找到自己的兴趣与长处，这对于团队合作是十分重要的。最后祝愿母校越来越好，学科竞赛再创佳绩。

作者简介

黄逸飞，机械工程与力学学院2016级工程力学专业本科毕业生，现于中国科学院大学工程科学学院攻读博士研究生。曾任湘潭大学土木工程与力学学院首届专业辅导员兼组长。曾获湘潭大学甲等奖学金、“胡敏全球胜任力”奖学金、“金桂”奖学金、十佳大学生、三好学生标兵，湖南省优秀毕业生等荣誉；第十四届、第十五届湖南省力学竞赛一等奖，第十二届全国周培源力学竞赛三等奖等奖项，2018年全国大学生数学建模竞赛湖南赛区二等奖。曾主持并结题校级大学生创新项目1项。本科毕业论文被评为首届全国高等学校力学类专业优秀本科毕业设计（论文）B类优秀论文。

以湘大之智，绘力学竞技华章

廖文彬

2024 年 6 月，我从湘潭大学毕业，四年的大学生涯画上了完美的句号。如果说湘大留给我最宝贵的财富是什么，我的答案是：力学竞赛。

作为全国 A 类学科竞赛的“明珠”，全国周培源大学生力学竞赛的影响力深远，不仅在于其严格的竞赛标准和公正的评审机制，更在于其广泛的参与度和对力学人才培养的巨大推动作用。我有幸参加了第十四届全国周培源大学生力学竞赛，这段难忘的经历，不仅提升了我的力学素养和创新能力，也成为我踏入中国科学院大学的必要“筹码”。

竞赛分为个人赛和团体赛。个人赛采用全国统一闭卷考试，每两年举办一次。湖南赛区设置在中南林业大学，经过校内选拔，我获得了参与国赛的资格。在备赛阶段，我重新学习了理论力学与材料力学，认真做完了《理论力学》(哈工大版)、《材料力学》章节习题，参加了由尹久仁老师与唐平老师授课的培训课并完成课上发布的题目，补充了欠缺的知识点，总结了静力学、动力学、材料变形等相关题目的解题思路，深入理解了力学公式的含义以及应用场景，尤其是应用较多的公式和解题思路。尽管最终以个人总分全省第六的成绩与国家一、二等奖失之交臂，但湘潭大学在个人赛中，3 人次获国家三等奖，14 人次获国家优胜奖，3 人次获省级一等奖，6 人次获省级二等奖，21 人次获省级三等奖，为团体赛奠定了坚实的基础。

考虑到团体赛的专业融合性，以及实践与理论相结合，需要由机械与力学的同学共同参与。因此，包括我在内的 4 名同学（廖文彬、罗鸿翔、骆文杰、唐栋）作为湘潭大学首次参与该项赛事的队伍，前往西南交通大学参赛。我们深知这次比赛的重要性——全国仅 30 所高校获此资格，且赛事要求力学与机械等多学科交叉协作。暑期留校的时间里，我们认真准备，以期在比赛中取得优异成绩。

图 1　团队合影

参加全国周培源大学生力学竞赛“理论设计与操作”团体赛的学生，无一不是来自各大高校的精英，他们拥有坚实的力学基础。在准备过程中，我们深入研究了历年竞赛试题以及《力学与实践》上发布的出题思路和解题方法，这些题目均紧密贴合实际生活，要求参赛者将复杂问题简化并转化为可行的解决方案。面对实际问题，团队成员需相互协作，利用有关力学知识，设计制作出有效的装置以实现特定的目标。相较于个人赛的卷面考试，团体赛需要的不仅仅是理论知识，同时还要考虑如何把理论知识转化为实际应用。

在团体赛中，团队合作是最为关键的要素。我们四人来自不同的专业，彼此间尚存生疏，因此，我们需要经过一段时间的磨合与配合，以期在比赛中达到最佳协作状态。为了锻炼我们的团队协作能力，我们经常待在一起讨论各种装置的制作方法，研究在制作装置的过程中如何进行有效的分工，研究并尝试完成往年的试题。

在深入研究往年试题后，我们发现承载结构设计和构建简单的机械结构是考察的重点。基于这一发现，我们决定尝试使用纸张、木板、吸管等常见材料来构建多种装置。制作装置少不了胶水的应用，因此我们特别关注胶水的使用技巧。虽然胶水在粘接方面表现出色，但一旦脱落，再次粘接便变得异常困难。经过多次实验，我们找到了一个解决方案：在胶水中加入少量木屑，这样便能在已经凝固的胶水表面成功粘接新物件。

如今，我们已经能够熟练掌握这一技巧。此外，我们还注重对工具使用的训练。通过亲手操作裁纸刀、锯子、钻头等工具，我们逐渐熟悉了它们的性能和使用方法。这些工具在装置制作过程中发挥了重要作用，使我们能够轻松地对木板、塑料管等材料进行切割、挖孔、开槽等加工处理。通过不断的实践，我们的工具使用技能得到了显著提升，为团队的成功打下了坚实基础。

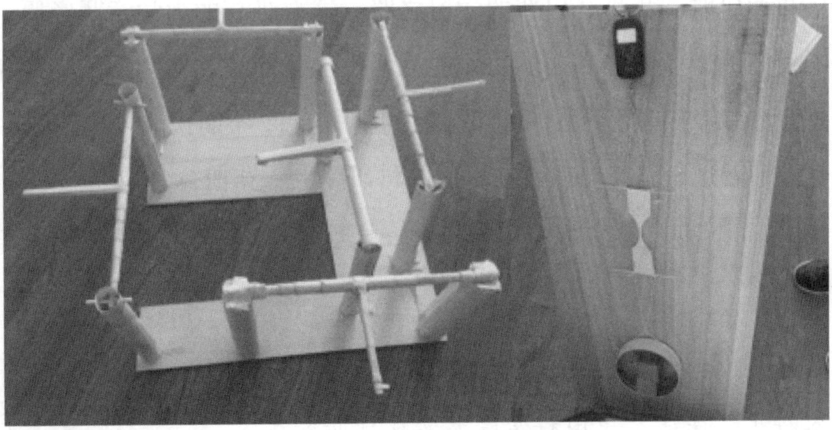

图 2　训练时的装置制作

经过一个多月的紧张训练，我们满怀信心地前往西南交通大学参加团体赛。比赛历时两天，共包含四道题目，每一道题目都需要我们在 4 个小时内设计、制作出符合题意的装置，并通过严格的测试才能获取分数。比赛伊始，我们迅速进入状态，仔细读题，确保完全理解题目要求、评分标准，并检查所提供的材料是否齐全。随后每位队员独立思考5分钟，构思可能的解决方案。通过讨论和充分交流，我们最终确定了最佳的设计思路。

在分工合作方面，我们根据每位队员的专业特长和优势进行了合理安排。当面对关于承载结构以及机械发射结构的两道题目时，由于之前有过类似的训练经验，我们迅速敲定了制作方案，并顺利完成了模型的制作和测试。这两道题目的顺利完成不仅提升了我们的士气，也为我们后面的挑战积累了经验。

做最后一题时，我们面临了巨大的困难。面对全新的题目和几乎没有任何思路的困境，我们并没有选择放弃，而是凭借团队的坚持努力和强大的心理素质，相互鼓励，不断尝试各种可能的解决方案。最终，在团队成员的共同努力下，我们圆满完成了所有题目的制作和测试，获得了优胜奖，实现了学校在团体赛的突破。

从湘大启航，我将开启新的学习之路。这次难忘的力学竞赛经历，不仅锻炼了我们的专业技能和团队协作能力，也让我们深刻体会到了坚持和努力的重要性。在未来的日子里，我们将继续携手前行，不断挑战自我、追求卓越，而我也将带着这份坚持与执着在以后的科研路上一路前行。

作者简介

廖文彬，机械工程与力学学院2020级工程力学专业本科生，保送至中国科学院大学攻读研究生。曾获国家励志奖学金，湘潭大学三好学生、优秀学生干部，湖南省优秀毕业生等荣誉；第十四届全国周培源大学生力学竞赛（个人赛）三等奖、第十四届全国周培源大学生力学竞赛“理论设计与操作”

团体赛优胜奖、“建行杯”第十六届全国大学生节能减排社会实践与科技竞赛三等奖、中国大学生过程装备实践与创新赛“中天杯”东南区域赛三等奖、第十九届湖南省大学生力学竞赛一等奖等奖项。主持省级大学生创新训练项目 1 项，参与发表 SCI 论文 2 篇。

以笔为戎，驱动湘大力学竞赛成就新突破

张晟齐

全国周培源大学生力学竞赛是教育部认定的全国 A 类竞赛，其中个人赛笔试的考试内容覆盖理论力学与材料力学两门课程的理论和实验，着重考核灵活运用基础知识分析和解决问题的能力，不仅考验参赛者对力学知识的掌握，更锻炼其分析能力、创新思维和团队协作精神。在第十三届全国周培源大学生力学竞赛中，我荣获个人赛一等奖，创造了湘潭大学的历史最好成绩。

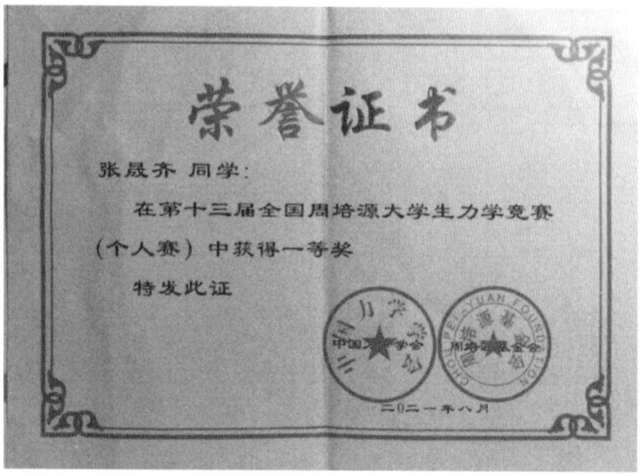

图 1　获奖证书

针对理论力学、材料力学这两类理论性较强的学科，我遵循的准则是由浅入深、由表及里，因此制定了为期 3 个月的详细的学习计划。

首先，对理论力学、材料力学这两门课程中的基础力学概念进行深层次的理解和揣摩，明确各个定理的适用情况。在此期间，我通过阅读经典的力学教材以及浏览线上课程，不断拓宽知识面，加深了对力学概念的理解，同

时以课后习题为练习手段，将对应题型分类，确定所涉及的考点，对各种定理做到运用熟练。

其次，以竞赛辅导题与历年真题为拔高手段，聚焦每道题目对应的考点，寻找解题的最优方法，并反思各种方法之间的联系与差异。例如，对复杂结构或具备某些特征的结构进行详细分析，做到一题可解、一题多解，举一反三，灵活应用，最终化繁为简、化未知为已知。

最后，与队友之间进行交流和讨论，不仅能够激发新的思路，还能促使我们从不同角度思考问题。面对同一个问题时，与他人进行思维碰撞，有助于更好理解问题，并加深对该问题的全面认识。

因此，在竞赛前的准备过程中，我注重解题技巧的培养，通过大量的习题训练，学会了如何快速识别问题的关键点，运用适当的公式和方法进行解答，同时注重培养解题过程中的逻辑性和条理性，力求提高解题效率以及准确性。

在竞赛中，我采用由易到难的策略来提高解题效率，先解决较为简单的题目，然后再逐步攻克难题。此外，合理分配时间，对基础部分以及拔高部分的习题进行合理的时间安排。竞赛中难免会遇到难题，心态的调整同样重要，因此需要时刻保持冷静和自信，在碰到陌生的考题时深呼吸，集中注意力，从而做到更好地思考和应对各种挑战。

参加全国大学生周培源力学竞赛是一次宝贵的学习和成长经历，对我的长远发展有着深远的影响。参加此类竞赛不仅提升了我的专业能力，心理素质和团队协作能力也有了很大程度的提升，是一次难得的自我挑战和自我超越的过程。

在此，感谢组织赛前培训的尹久仁、唐平、姜勇、丁燕怀等各位老师的辛勤付出。希望更多的同学能够积极参与到竞赛中来，展示自己的力学知识和实践能力，同时激发对力学学科的兴趣和热情，共同学习和成长。力学、机械、土木等相关专业的学生，参加力学竞赛并耐心准备、积极备考、稳定发挥，对个人的发展大有裨益。对每道力学题深究其原理，是对力学家的缅怀，亦是对自然原理的尊重。

竞赛不仅对参赛学生的个人发展具有重要意义，也对高校的教学改革和创新人才培养起到了积极的推动作用。通过竞赛，能够促进良好学习氛围的形成，更好地彰显力学学科拔尖人才的培养成效以及展现公共力学教学的改革成效。

作者简介

张晟齐，机械工程与力学学院2017级工程力学专业本科生，保送至大连理工大学攻读研究生。曾获湘潭大学优秀毕业生等荣誉；第十三届全国周培源大学生力学竞赛（个人赛）一等奖、湖南省第十六届大学生力学竞赛一等奖等奖项6项。

数学建模：一场思维与实践的盛宴

赵嘉俊

数学建模不仅仅是一项竞赛活动，它也是一种解决问题的方法，更是一种训练思维的方式。通过将实际问题抽象成数学问题，运用数学工具和方法求解，再将结果应用于实际，个人的逻辑思维能力、创新能力和实际操作能力得到了极大的锻炼和提升。数学建模竞赛让我深刻体会到数学的力量和美感，以及它在解决现实世界问题中的巨大潜力。

回顾我的数学建模竞赛经历，从团队组建、问题理解、模型构建，到最终的论文撰写和成果展示，每一步都是对团队协作和个人能力的考验。在2024年高教社杯全国大学生数学建模竞赛中，我们团队通过不懈的努力和深入的研究获得了国家级奖项，这既是对团队工作的认可，也是对个人能力的肯定，给我们未来的学习生涯带来了巨大鼓舞。9月5日—8日赛期，团队面临的第一个挑战便是选题。在这个环节中，我们深入全面地分析了题目的背景和要求，从多个备选题目中选择了一个与现实世界问题紧密相关的题目，既考验对现实问题的理解和分析能力，也考验将具象问题转化为数学模型的能力。在前期探索阶段，我们通过广泛阅读相关文献资料，构建起对问题的立体认知框架。

高效的时间规划与默契的团队协作是数学建模竞赛成功的关键。我们制定了详细的时间表，将比赛过程划分为问题理解、模型构建、算法求解和论文撰写四大模块，每个阶段都设定了明确的目标和时间节点，确保成员集中精力在各自的任务上。尽管比赛期间常因一些突发情况影响计划的推进，但清晰的时间规划能让成员做到心中有数，尽力赶上计划进度。在团队协作方面，为了保持信息的顺畅交流，我们在同一个房间内进行比赛，这不仅提高了工作效率，也增强了团队的凝聚力。针对解题思路与方法进行激烈的讨论甚至争执在所难免，但正是在这些观点的交锋中，团队默契不断升级，最终达成共识。

图 1　获奖队伍与指导老师合影

解题过程中，团队成员各司其职、各展所长：有人负责数学模型构建，有人负责编程实现，有人负责论文撰写，高效推进比赛进程。面对题目复杂性与时间紧迫性的双重挑战，我们采用迭代的方法，不断测试和优化模型，直至找到最合适的解决方案。在模型构建中，我们不仅考虑到问题的数学特性，还考虑了实际应用的可行性，综合运用线性规划、Monte Carlo 方法和统计分析等多种工具，以确保模型的准确性和可靠性。

在论文撰写阶段，我们注重逻辑性和条理性，严格遵循数学建模论文的标准格式，从问题重述、模型假设、模型建立、求解过程到模型验证，每一步都力求精确，确保论文能够清晰地展示解题思路和结果。此外，我们还注重图表和数据的可视化，通过精心设计流程图、散点图、柱状图等，将复杂的数据和分析结果以直观的方式呈现出来，使论文更加生动和直观易懂。

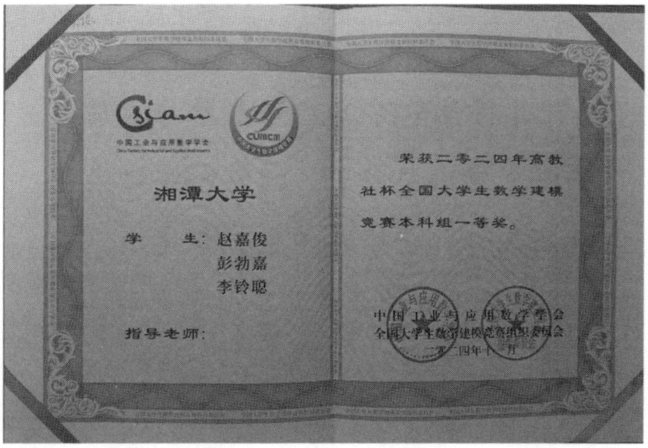

图 2　获奖证书

这场竞赛不仅是智力的较量，更是一次深刻的学习经历，大家收获颇丰。对我个人来说，这是我第一次参加比赛并且担任队长。队长的心理素质对团队的士气和表现有着直接影响，因此在竞赛中，队长需要保持冷静和果断，在面对压力和挑战时能作出正确的决策。但是很多时候我并未发挥出这样的作用，感谢两位队友的包容。经过这次比赛，我的领导能力和心理承受能力应该有了一定的提升吧。此外，我们深刻认识到数学建模在解决实际问题中的应用价值，进一步增强了对数学学科的兴趣和热爱。团队合作中打磨的沟通技巧、问题解决中沉淀的思维范式，都将成为未来学习工作的宝贵财富。总的来说，这次比赛不仅是一次学术上的挑战，更是一次个人成长和团队建设的机会，同时也锻炼了我们的自律性和责任感，为未来的学习打下了坚实的基础。

最后，感谢刘红良老师在备赛培训中的付出，让我们有机会进行数学知识的实践并获奖；也感谢队友们在比赛过程中的合作、包容与理解。

作者简介

赵嘉俊，数学与计算科学学院2022级数学与应用数学专业本科生。曾获国家励志奖学金、湘潭大学励志奖学金等荣誉；2024年高教社杯全国大学生数学建模竞赛本科组一等奖、湖南省大学生数学竞赛二等奖等奖项。

追逐梦想，以热爱为名

刘贤哲

参加全国大学生数学建模竞赛、美国大学生数学建模竞赛（MCM/ICM），于我而言，是因为热爱。作为一名通信工程专业兼修法学双学位的学生，似乎与数学类比赛毫无关联，然而现实却是，我不仅以非数学专业身份参加了数学建模竞赛，而且对这个比赛爱得深沉。我想这也是湘潭大学这所综合类大学的优势所在，只要你敢想敢做，这里都能实现你的梦想。

我的故事很简单。2012 年，初入湘潭大学，一切都是新鲜且自由的，与之相对的，是要学会自主安排学习和生活。大概每个大学生都会经历一段从懵懂到清晰的适应期。大一上学期对我来说是最没有目标的阶段，除了上课，我不知道自己应该做些什么，但我暗自告诉自己要保持上进，充实学习和生活。

加入学生会是我做过的最正确的事情。在这里，因为靠近和接触一些优秀的人，我发现了自己喜欢和擅长的事。学生会是一个很好的平台，有优秀的学长学姐分享经验，和同龄人开展有意思的活动，学着去做一件事，做好一件事。记得当时部门承办一个科技作品展览活动，从筹备、宣传、举办到后勤，再到复盘总结全流程……整场活动下来，我学会了团队合作，学会了宣传策划，学会了组织协调。

一次学生会部门会议上，优秀的学长学姐们做分享，表示暑假会参加数学建模竞赛的培训。这是我第一次听说数学建模竞赛。随后了解到，数学与计算科学学院的老师暑假义务开设建模培训课程，为期几周。因为我一直很喜欢数学，觉得这是很难得的学习机会，所以成功加入了培训。暑假培训课程很充实，学习氛围很好，大家互相交流讨论，老师也会耐心解答。拜入杨老师门下后，我和两位大三的执行力很强的学长学姐组建了队伍。团队分工协作，学长主要负责数学解题，学姐主要负责编程解题，我则主要负责写论文。为了写好论文，他们会把读书的方法教给我，让我读优秀文章，学习写作的结构和表达方式。

比赛的过程并非一帆风顺，解题思路多次被推翻重来，我们也因为解法有过几次矛盾分歧。学长反复和老师沟通，坚持正确的解题思路；学姐以高效的执行力统筹编程任务，带领我们分工导入大量基础数据；杨老师认真审阅修改论文，字斟句酌表述是否准确。最终我们获得了 2013 年高教社杯全国大学生数学建模竞赛本科组二等奖。这离不开数学与计算科学学院各位老师的教学指导、教务老师的后勤支持、团队成员的团结协作，以及大家对数学的热情。

图 1　获奖证书

“博学笃行，盛德日新”是湘潭大学的校训，也是四年里一直激励我前行的箴言。在这片充满希望的原野，只要充满热爱，久久为功，全力以赴，所有的梦想都会实现。希望学弟学妹们多多学习，勇于实践，在不断的学习积累中，走出属于自己的路。

作者简介

刘贤哲，信息工程学院2012级通信工程专业本科生，辅修法学专业，保送至中国政法大学攻读研究生，现就职于某央企任法务。曾获2013年高教社杯全国大学生数学建模竞赛本科组二等奖、2014年美国大学生数学建模竞赛（MCM/ICM）国际二等奖等奖项。

磨相亦磨心

郭潇雨

全国大学生金相技能大赛，是汇聚全国顶尖学子的专业竞技场。在这里，选手们不仅要展现专业技能，更要直面各种挑战和困难。从样品磨制到抛光，从表面腐蚀到显微观察，每一个环节都需要严谨细致、精益求精。这段充满挑战的经历，已经成为我人生中弥足珍贵的回忆，带给我无尽的勇气和动力。

第一次听到“金相”二字，是在大一入学时的学姐经验分享会上。听着学姐自信地讲述着她与金相的故事，这个词便悄悄地在我心中埋下一颗种子。大二那年，得知金相校赛即将开始选拔，我毫不犹豫地报了名。从此，我与金相的故事，正式开始。

金相比赛分为磨样、抛光、腐蚀和观察四个部分，要求在30分钟内完成。这看似简单，实则不然。初次磨样，我面对着满是划痕的样品不知所措，只能利用课余时间扎进实验室，一遍又一遍地练习，调整心态，寻找解决问题的方法。我坚信，好运都藏在努力里，再坚持一下，再努力一些，可能被选上的就是我了。终于，功夫不负有心人，我顺利通过校赛，并进入后续的选拔。

校赛过后，高强度的选拔一轮接着一轮。在最后一次选拔中，我发现试样表面状态不佳，但已经没有时间返工重磨，只能提交样品。比赛结束后，我沮丧地把实验服、抛光膏等物品带回了宿舍，以为自己就要止步于此了。当天晚上，我几乎不抱任何期望地等待着消息。但是当老师在群里公布入围名单时，我看到了自己的名字！我很惊讶，我竟然入围了！巨大的惊喜将我淹没，但冷静下来，我明白这是来之不易的机会，必须全力以赴。第二天一早，我立马把实验服拿回了实验室，以更加沉着冷静的心态去面对每一场比赛。我坚信，再长的路，一步一步也能走完。在老师和学长学姐的帮助下，我一路过关斩将，获得省赛二等奖并成功入围国赛选拔。

图 1　国赛现场

备战国赛的日子里，压力如影随形，有段时间我的状态非常不好。在磨样过程中，手磨划痕、拖尾、黑点等各种问题接踵而来，常常忙到凌晨一两点我才拖着疲惫的身体回到宿舍，无数次怀疑自己是否还能坚持下去。好在，老师察觉到我的状态不对，让我休息半天，并从各个方面帮助我分析问题的根源；学长学姐在深夜接受我的消息“轰炸”，分享他们的经验并安慰鼓励我；朋友们也会用轻松的玩笑来缓解我的压力，给我传授磨样时的“独家秘诀”……我感受到身边人的善意和支持，迅速调整好状态，寻找解决问题的方法，终于拿到国赛的入场券。

进入国赛，选手们的实力不相上下，比拼的更多是耐心和对细节的把控。历经三天的激烈角逐，伴随着主持人宣布获奖名单，我收获了个人二等奖的好成绩。至此，这段与金相同行的旅程，也暂时画上句号。

图2 获奖证书

金相大赛是起点，但不是终点。我十分感谢母校为我们搭建的广阔平台，让我有机会参加比赛；感谢老师们的悉心指导，在我遇到瓶颈的时候，给我指明方向；更难忘和我并肩作战的队友，以及实验室里那段痛苦却又充满欢乐的时光。正是因为这些感受，让我在国赛之后仍喜欢到金相实验室。曾经痛苦折磨我的金相，也成了我考研路上寻求安宁的精神家园。

道路是曲折的，前途是光明的，或许正是经历过漫长的跋涉，抵达终点时才更显珍贵。愿我们都能奔赴灿烂的前程，那些披星戴月走过的路，一定可以繁花满地。那些看似波澜不惊的日复一日，终将在某一天展现出坚持的意义；而那些反反复复被质疑否定的努力，也会迎来肯定的回响。请相信，一切为之努力的事情都会有浪漫的结果。祝我们好在明天。

作者简介

郭潇雨，材料科学与工程学院 2021 级金属材料工程专业本科生。曾担任班级学习委员、学院学工助理团副组长。曾获湘潭大学三好学生、优秀学生干部、优秀共青团员、三下乡优秀个人等荣誉；“徕卡杯”第十二届全国大学生金相技能大赛二等奖等奖项。

金相之路，破茧之旅

李然然

天朗气清，我偶然翻出一块玻璃板，想起曾经用它在宿舍练习的时光，原来秋去春来，距离那个盛夏已经过去许久。与玻璃映出的自己对视，记忆翻涌而来。

“出师不利，折戟沉沙。”大二时，因老师上课时的一句建议，我带着好奇与懵懂，参加了学校的金相比赛，闯入了金相的世界。金相有“七十二变”，让人不得不惊叹于大自然的鬼斧神工。磨金相是一个知易行难的过程。磨制、抛光、腐蚀、观察，仅仅八个字，包含着海量的细节，每个细节都能决定最后的成败。在金相室默默练习技能、积累经验，让我平稳度过了校赛和前几轮选拔赛。然而，在倒数第二轮，我还是被淘汰了。这是能够预见的结果，虽然不断地练习，进步的速度却慢如钟乳石生长。这是一次失败，也是一个打击，我本能地逃回舒适区，不愿细想失败的原因。

“看成败人生豪迈，只不过是从头再来。”一年的时间很长，长到我变得成熟一点，勇敢一点；一年的时间又很短，短到我还没忘记 20 钢和纯铁独特的组织脉络，没忘记自己在失败面前慌不择路地奔逃。我决定从头再来，直面内心的恐惧，反思一年前进步缓慢的原因：缺少思考，不敢尝试，怯于向同伴和老师寻求帮助，只信“一万个小时”理论。我开始做出改变，思考如何减少样品的划痕和黑点，翻看历届金相征文，记下可能的影响因素以及对应的解决办法；主动请教老师和学长学姐，不断地调整磨制抛光的姿势、时间、力度，抛光膏的用量、分布和腐蚀的手法。当我专注于磨样，专心做一件事，曾经那些焦虑沮丧、自卑恐惧等负面情绪，竟悄然消散，取而代之的是纯粹的快乐，每进步一点，我的心就轻盈一点。

“穿透厚黑的云层，迎来最初的黎明。”临近省赛，一个消息再次打破平静。主办方不提供我们常用的抛光布，这意味着需要在不到半个月的时间里适应新的抛光布。抛光布一换，抛光的力度、时间和手法都要跟着换，时间紧任务重，来不及整理好震惊的情绪，我们立马投入更高强度的训练中。不够，时间还是不够，每天的进步有限，仿佛可以预见比赛那天的结果。陈老师强调，在这种时候，团队协作会产生“1+1＞2”的效果。老师的话如同定海神针，平复了我们的焦虑和慌乱，就这样我和伙伴们将抛光的步骤一一拆解，每个人专攻擅长的环节，再互相传授要点。三人行必有我师，就这样，效率大幅提升，时间也显得不那么迫切了。

为了帮助我们适应真正比赛的环境，老师组织了模拟赛。可能是过于紧张，即使多次尝试，我磨制的样品仍有许多划痕，也找不到原因。省赛前一天熟悉赛场后，回到安静的宿舍，我沉下心思考，脑海里仿佛在放映幻灯片，一帧帧，是前辈征文里的经验分享，是磨制样品的整套流程，是我和队友磨样时不同的细节处理和习惯，是数百张看似相同又不同的金相图片，是一遍又一遍模拟在赛场上比赛。就这样，我带着猜想上了赛场，没有想象中那么紧张，增加抛光膏用量，减轻粗抛力度，在时间截止前的最后一刻提交样品。这一次划痕少了很多，意味着我发现了问题并找到了解决方法。省赛前夜黑凉，我努力向上，黎明的第一缕曙光终于照到了我身上，省赛一等奖可能是对我坚持到最后的奖励。

“轻舟已过万重山，前路漫漫亦灿灿。”我们在省赛中取得了不错的成绩，经过短暂的休整之后，又重新恢复了高强度的训练。正如陈老师所言，革命尚未成功，同志仍需努力，前方还有国赛在等着我们。样品被一层层磨抛，我也一点点蜕变，像挣破茧蛹的蝶，离开似保护又似禁锢的茧房。

图 1 省赛现场

时间在训练中飞快流逝。国赛现场，气氛十分紧张，我们出了点小意外，但又凭借扎实的训练基础及时补救，顺利完成比赛，最终获得一个一等奖、两个二等奖，团体成绩位列第四。功不唐捐，那些挥洒的汗水有了归处。

站在记忆的出口回望，那些曾以为苦涩的时光变得柔和又诗意。

暴雨带来潮湿的水汽
烈阳将空气都晒得扭曲
清晨叶上的露珠被鞋子踏进泥里
路灯和月光把孤单的人影照得攘攘熙熙
在野蔷薇丛
萤火虫明明灭灭……

国赛颁奖之后，我们骑着自行车在校园里穿梭，遇见了彩虹。我们眼里带着光，与彩虹合影，这大概就是青春的模样。

金相之旅带给我的，不仅是金相知识和奖牌荣誉，还有蜕变和成长，以及师生、同伴间真挚的情谊。每当疲惫时，这段珍贵的记忆总能给予我温暖与力量。

“逢平遗憾事，当浮一大白。”国赛落幕不久，金相奖牌就为我带来了意外之喜。时间拨回 5 月，那时的我渴望保研进入中国科学院金属研究所，那是科学的殿堂，肩负着国家使命。它就像沉默的巨人屹立在那，召唤出我内心深处的英雄主义、理想之光。但是我的综合成绩没有达到夏令营的要求，申请未通过。那种失落就像心一直在下坠，遗憾的滋味让人辗转反侧。

图 2　获奖证书

5 月同样是我开启金相之旅的时间。我努力练习，既想战胜自己，也萌生出新的希望，想用金相的成绩再次争取预推免的机会。8 月，金相国赛圆满收官，我将获奖经历写入申请材料，终于获得了预推免的机会，并顺利通过面试，选到了心仪的导师。品味遗憾的酸涩后，我发觉抚平遗憾所生发的喜悦是如此纯粹深刻。

走在人生的旷野上，金相之路是沿途绚丽的风景。而前方，中科大教学楼前的樱花灼灼其华，金属所实验室外的雪花簌簌而下……

作者简介

李然然，材料科学与工程学院2020级材料科学与工程专业本科生，保送至中国科学技术大学（中国科学院金属所）攻读研究生。曾获湖南省第一届“麦克奥迪－特鲁利杯”大学生金相技能大赛暨第十二届全国大学生金相技能大赛复赛一等奖、“徕卡杯”第十二届全国大学生金相技能大赛二等奖等奖项。

每一次比赛都是一次磨炼

潘心怡

参加全国大学生化工实验大赛和全国“互联网+化学反应工程”课模设计大赛，是我大学生活中最为明智的选择，也是我大学时代最珍贵的记忆，如今回忆起来，仍然让人热泪盈眶。

“路漫漫其修远兮，吾将上下而求索。”大学四年，我不断思考如何更好地将理论知识与实际生产相结合。为此，我努力学习专业知识。全国大学生化工实验大赛由中国化工教育协会主办，作为推动高等学校化工类专业“新工科”与“双一流”建设的全国性赛事，自大二学习化工原理课程起，我便对它有了初步了解，希望通过参赛锻炼自己的能力。

起初，我是不自信的，但随着专业课程的深入学习，我意识到化工原理是化工专业的基石，同时也想了解书本知识如何转化为实际生产。深入了解赛事后，我得知竞赛分为学校推选、赛区决赛、全国总决赛三个阶段，内容涵盖化工原理理论、化工原理实验和化工单元仿真操作与分析三大部分。这正好符合我对实验比赛的全部幻想，坚定了我参赛的决心。

经过校赛选拔，我成功入选湘潭大学代表队，于 2023 年 7 月在化工原理楼二楼自习室开启集训生活。每天，我们一起学习实验步骤，探讨理论知识，训练模拟仿真。大家约定每天上午 9 点准时到自习室，认真练习仿真系统，细细琢磨实验报告。回望整个比赛，那是一段充实且令人难忘的时光。

集训的日子转瞬即逝，很快我们便前往武汉工程大学参加中南赛区选拔赛。理论考试难度很大，结束后我们都没有信心，好在有揭老师与李老师的陪伴与安慰，让我们放平心态继续完成接下来的比赛。功夫不负有心人，我们拿到了“东方仿真杯”2023 年中南地区高校化工原理大赛暨第六届全国大学生化工实验大赛中南赛区选拔赛特等奖，获得 8 月去北京化工大学参加国赛的资格。

晋级国赛后，喜悦之余，我们深知挑战升级——入围国赛的队伍都是各赛区的特等奖，比赛难度会更大。回到学校后，我们全力学习理论知识，重新打磨实验报告，针对赛区赛出现的问题逐一复盘解决。到达国赛现场后，面对与平日训练不同的实验设备，我们凭借扎实的理论基础，沉着冷静应对，最终取得了国家级一等奖的好成绩。

图 1　团队合影

全国“互联网＋化学反应工程”课模设计大赛由中国化工学会主办，是帮助学生深入理解和领会化学工程的精髓——“三传一反”，实现数学、物理化学、化工原理、传递过程等课程内容融会贯通的全国性赛事。对于渴望将所学知识学以致用的我来说，这项比赛充满了吸引力。当周老师在课堂上谈到这个比赛后，我便在课后第一时间详细了解了比赛流程及备赛要点。

竞赛于 2023 年 5 月—8 月举办，允许自由选题，但不能脱离专业教材，因此确定一个具有创新性的题目是摆在我们面前的第一道难题。秉持着“笨鸟先飞”的思想，团队利用寒假时间搜集文献，研究历年优秀作品，力求设计出一个既贴合教材又有所突破的课题。在周老师的帮助下，我们选定最经典的固定床反应器作为大课题方向，对其压降与催化剂粒径之间的关系进行模拟分析。定好课题只是开端，更艰巨的任务在于学习模拟软件与 3D 制图。

周老师要求我们每两周进行一次面对面汇报或提交书面报告。在老师的督促下，项目进度有条不紊地推进。尽管学习模拟软件时遇到了许多困难，但我们一直在慢慢钻研摸索。从 6 月开始，每两周统一开一次集体会议，所有指导老师现场点评指导作品，每一次交流都让我们受益匪浅。由于初赛作品的提交时间撞上期末考试，文稿以及作品稍显粗糙，我们便在课余时间，待在自习室中修改作品及说明书，钻研模拟软件得出的结果。

在反复研读模拟软件得出的云图后，我们终于理解了云图所蕴含的意义。7 月 1 日是提交作品的最后一天，由于前期花费在模拟软件上的时间较多，而我们的 3D 制图技术也较为薄弱，没有画出合适的 3D 图，便先提交了平面图版本。经过 10 天的等待，我们成功晋级决赛。

对于决赛作品而言，立体图比平面图更加分。我便下定决心一定要做出合适的立体图。但评委只给了 6 天时间修改作品，时间紧任务重，我们迅速着手调整，从说明书、计算公式，到配色、3D 图制作等，进行全方位修改。最终，依靠团队的紧密协作与永不放弃的精神，我们在这次比赛中获得了全国一等奖。

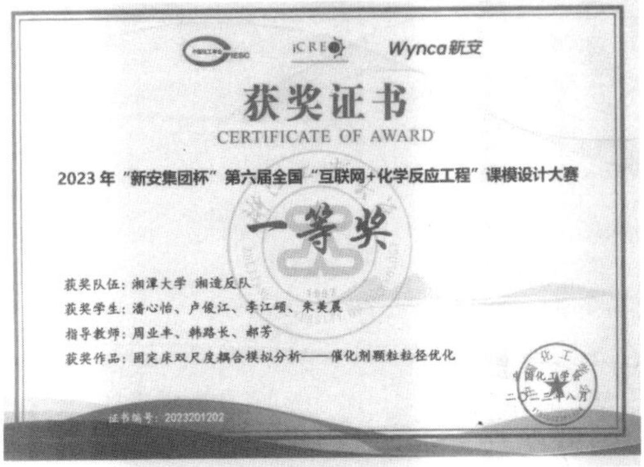
获奖证书
CERTIFICATE OF AWARD
2023 年“新安集团杯”第六届全国“互联网+化学反应工程”课模设计大赛
一等奖
获奖队伍：湘潭大学 湘造反队
获奖学生：潘心怡、卢俊江、李江硕、朱美晨
指导教师：周业丰、韩路长、郝芳
获奖作品：固定床双尺度耦合模拟分析——催化剂颗粒粒径优化
中国化工学会
二〇二三年八月
证书编号：2023201202

图 2　获奖证书

每一场比赛都是一次机遇，每一次体验都是一次磨炼。这些经历让我更好地认识自己、锻炼自己、提升自己，明确未来的前进方向。一路走来，我们从来都不是孤军奋战，而是并肩作战。我始终相信，越努力越幸运。

作者简介

潘心怡，化工学院2020级化学工程与工艺专业本科生，保送至中国科学技术大学攻读研究生。曾任2022级化学工程与工艺韶峰班辅导员助理、化工学院本科生第一党支部组织委员。曾获湘潭大学“赣锋梦想助力”奖学金、湘潭市优秀毕业生等荣誉7项；“东方仿真·欧倍尔”杯第六届全国大学生化工实验大赛一等奖、“新安集团杯”第六届全国“互联网＋化学反应工程”课模设计大赛一等奖等奖项5项。参与科研项目2项，包括1项国家级大学生创新训练计划项目。

挑战与收获的数学之旅

边华俊

在数学竞赛的旅途中，我三度参赛，均有所收获：一次年级第一，两次全校第一，并两次获得国家一等奖。这些奖项不仅是对我努力的肯定，更如璀璨灯塔，照亮我的学术道路。尽管因为疫情影响，保研时竞赛成绩未能加分，但它们为我的奖学金申请、留学机会奠定了基础，同时也让我在学术圈收获了更多认可。更重要的是，本科阶段的数学竞赛经历，对我研究生阶段的科研工作产生了深远的影响。

获奖证书

湘潭大学 边华俊 荣获第十四届全国大学生数学竞赛决赛（数学类高年级）一等奖，特发此证。

编号：CMS（决）SG2023033

中国数学会

二〇二三年五月

图 1　获奖证书

我与中国大学生数学竞赛（The Chinese Mathematics Competitions，简称 CMC）的缘分始于 2019 年 11 月。当时，数学辅导员石东林学长暂停习题课去参加竞赛，作为一个数学初学者，天真的我要来题目，想试着做一做，结果只能解答一道解析几何题，其他题目甚至连答案都很难看懂。幸运的是，我遇到了优秀的引路人——石东林学长不仅是我学业上的榜样，更是心灵的导师，他如同明灯照亮了我的道路。在他的耐心指导下，我学会直面困难，敢于提问求解。即便后来我们不再是辅导与被辅导的关系，每当我遇到难题，他依然不吝赐教。大一下学期上网课，无法正常开展习题课，石东林学长每天都会在班级群分享两道精心挑选的题目，我也坚持着提交解题思路。虽然当时因为不熟练经常做错或做不出，但我总会反复追问直到理解为止。这些珍贵的交流记录保存在手机里比较方便查阅，我后来多次回顾，常常有新的体会。学数学正需要这种刨根问底的精神，不能因为害怕犯错而畏缩不前，只有将每道题做透才会有提升。此外，由于疫情突发，我没有带教材回家。在一位南京大学的朋友推荐下，我接触到朱富海老师的教材和课程。朱老师把每个知识点的来龙去脉都讲得很清楚，让我初次领略到了代数之美，也由此意识到课外学习不应局限于固定教材，可以从他人推荐入手，通过参考文献找到适合自己的学习资源。

大学生数学竞赛初赛聚焦数学分析、高等代数与解析几何，决赛也必做这三科。在数学分析方面，我受益于谢惠民老师的《数学分析习题课讲义》与汪林老师的《数学分析中的问题与反例》；在高等代数方面，朱富海老师的《高等代数与解析几何》及其有趣的习题给予了我深刻的启示。此外，我还学习了谢启鸿老师的“白皮”（《高等数学》）与李炯生老师的那本“亚洲第一难书”（《线性代数》）。虽然不建议像高中那样盲目刷题而忽视思考，但如果想在竞赛中拿到比较好的名次，或是以后想深入钻研某一学科，适当地刷题有助于深化对知识的理解。

大二时，我正式踏上了竞赛的征程。张老师和李老师组织的竞赛课令我受益匪浅：数学分析课以习题讲解为主，高等代数课则是由学长从更高维度剖析知识，为我打开了数学的新世界。担任数学辅导员后，我更加深刻地理解了“教学相长”这一道理，每一次为同学讲解题目，都是对知识的深化与升华。这段经历不仅提升了我的表达能力，还让我学会了如何从不同角度审视问题，这对科研工作中的创新思维的养成至关重要。备赛阶段，真题复习如同砍柴前磨刀，既能熟悉题型，又能帮助我们以更加沉稳的心态迎接挑战。

在竞赛过程中结实的很多朋友，一直与我保持着联系。我们经常分享一些优美的公式、惊艳的定理或文章，遇到难题也会共同探讨。其中不乏一些非数学专业的朋友，他们有时会把一些问题转化为我熟悉的语言，让我见识到了数学在跨学科领域的应用，也帮助我从全新视角看待数学问题，进一步加深了对知识的理解。他们的智慧与陪伴，让我在数学的道路上更加坚定与自信。即便在研究生阶段，随着研究方向细化，我们的交流有所减少，但依然保持着联系，共同探讨学术问题，相互激励，共同进步。

图 2　比赛现场

这段数学竞赛的经历，不仅是我大学时期的成长见证，也给我未来的发展打下了坚实基础。一方面，我深入钻研数学分析与高等代数等基础课程，在后续学习中能够更加自如地应对挑战，为科研探索提供了有益的启示。另一方面，我积累了丰富的案例和解题经验，在解决一些科研难题时，能够快速联想到相关反例，灵活运用竞赛中培养的思维方式和解题技巧，迅速找到问题的突破口。即便在中国科学院大学助教岗位上，面对更高层次的学术要求，这段经历赋予我的能力也让我赢得了师生的认可与鼓励。

作者简介

边华俊，数学与计算科学学院2019级数学类韶峰班本科生，保送至中国科学院大学攻读研究生。曾获第十二届全国大学生数学竞赛（数学类B）湖南赛区一等奖、第十三届全国大学生数学竞赛（数学类高年级）一等奖、第十四届全国大学生数学竞赛（数学类高年级）一等奖等奖项。

人文社科类

人文社科类学科竞赛在于打破传统教育中“被动接受知识”的模式，通过“问题驱动—研究实践—成果输出”的过程，让学生在理解学科理论的同时，培养解决现实问题的能力，并建立对社会、历史、人类文明的深层思考。这种经历不仅助力个人成长，更能为人文社科领域注入青年视角的创新活力，推动学科与社会的良性互动。

湘潭大学重视人文社科类学科的发展，拥有国家首批涉外法治人才协同培养创新基地（湖南省唯一）、国家首批卓越法律人才教育培养基地等一批国家级育人平台，全国首批“大思政课”实践教学基地1个。2020年至2024年共有53008人次参与各级各类人文社科类学科竞赛，共获得省级以上奖励3573项，其中国家级特等奖35项，一等奖164项，二等奖747项，三等奖1262项；省级特等奖6项，一等奖248项。

趁青春，点亮人生色彩

易恒康

青春是一幅五彩斑斓的画卷，我们有幸在这幅画卷上添上自己浓墨重彩的一笔。在党的十八大精神指引下，我们这一代青年承载着时代的期望，被鼓励去挑战未知、创新思维。作为湘潭大学的一员，我深感荣幸能与团队共同参与全国大学生广告艺术大赛，进行泡泡玛特策划案的创作。在广告艺术的广阔天地中，每个创意都闪耀着独特光芒，如同一颗颗璀璨夺目的珍珠，串联起我们对艺术和创新的无限追求。在 2023 年第 15 届全国大学生广告艺术大赛中，我们团队（陈恩睿、杨诗琪、潘舒仪、易恒康、张一帆）的泡泡玛特策划案《缤纷玩家》荣获全国二等奖。我们的作品，不仅是对泡泡玛特品牌价值的深度挖掘，更是对青春活力的精彩诠释。

图 1　泡泡玛特策划案《缤纷玩家》封面

策划之初，我们发现泡泡玛特的产品特性为创意提供了广阔的空间。盲盒、特色 IP 等产品形式，有开展创新的营销和推广活动的天然优势。同时，团队成员普遍对潮流玩具具有浓厚兴趣与深厚了解，于是策划案的创作便选择了泡泡玛特这一充满活力的品牌。

策划前期，团队围绕“共同探索潮流玩具的多元价值”这一命题深入分析，挖掘品牌痛点：当今玩具价值早已变化迁移，不再局限于儿童范畴，但因为潮流玩具并非功能性产品，非用户难以理解潮流玩具的意义，无法感知泡泡玛特的品牌理念及其传递的情绪价值；理解品牌诉求：洞察目标受众中非用户的痛点需求，整合传达品牌理念及价值，提升非用户对品牌的认知，强化他们对产品的价值理解。聚焦目标群体的生活现状，结合泡泡玛特的核心价值——创造潮流，传递美好，我们提出了“缤纷玩家”这一主题概念，希望在策划案中传递“玩出缤纷人生”这一核心主张。

确定主题之后，团队的创作方向越发明晰，我们便开始着手进行策划案内容的具体设计与制作。每个成员都贡献出了自己的想法与创意，在讨论中，思维的碰撞产生出新的理解，每个人都在不断地学习和吸收，使得整体的想法更加成熟和完善。各种让人惊叹的灵感如涓涓细流汇聚成河，每一条细流都携带着独特的见解和创意，共同汇成思想的大海。在无数次讨论之后，我们终于将这一连串模糊的想法变成了清晰可见的具体方案，并形成了初步的策划案草稿，包括策划案的整体脉络、不同节点的活动创意以及大致的执行内容等。

主题是策划案的核心，在确定了这关键的一步后，具体活动内容的执行便是顺水推舟的事了。团队成员们有序分工，撰写各自负责的部分，整体进度由队长把关。大家有条不紊、按时按量地在规定的时间内完成了自己负责的内容，再将所有内容打磨成统一的风格整合到一起，我们的策划案《缤纷玩家》至此初步完成。在这个过程中，大家既是文案写手又是美工设计，每个人都或多或少地承担着不同的角色，我想这或许也是一个全能的广告人的必经之路。

从4月开始创作到6月正式提交作品，团队成员都在拼尽全力地打磨策划案。第一版策划案完成后，我们向孙丰国老师寻求修改意见。孙老师肯定了我们的PPT设计和策划内容，同时对细节进行了详细的指导，如突出策划内容的独特亮点、精简PPT的排版布局、细化内容摘要等。由于临近作品提交时间，团队成员在接收到指导建议后便连夜进行了策划案的修改，对策划案的整体和细节不断完善，每位成员都在竭尽全力地想要呈现出一个完美的作品。

作品提交的那一刻，我们终于松了一口气。两个月的时间，说长不长，说短不短，大家通过共同努力，成功完成了策划案的创作。9月国奖名单颁布，当看到自己的作品赫然在列时，那些为了雕琢策划案而彻夜难眠、苦思冥想的夜晚都有了意义。11月底，我有幸作为团队代表参加在北京举行的颁奖典礼，这是对我们每个人努力的认可。

图2　获奖证书

感谢孙丰国、王苑丞、胡琼华等各位老师的悉心指导，也感谢所有专业课老师在课堂上对我们进行深入浅出的知识讲解，才让我们有足够的专业基础知识进行作品的创作。这些宝贵的经验和知识，不仅帮助我们在这次比赛中脱颖而出，更将成为我们未来人生道路上的重要财富。

回首创作过程，就像品味一杯陈年老酒，时间的沉淀让每一滴都散发着醇厚的香气，让人沉醉于那些日夜兼程的奋斗时光。创作过程见证了我们的成长，每一个挑战都是我们成长的垫脚石，每一次攻克难题都是我们能力的证明。正如我们的策划案主题所说："玩家"们玩出缤纷人生，在青春的旅程中点亮专属于自己的五颜六色。

作者简介

易恒康，文学与新闻学院2021级广告学专业本科生。

人生的密码：参与、练习与坚持

王梓赫

我想用三个英文单词来总结自己的英语演讲比赛生涯：Participation, Practice, Perseverance。

当初听说学校举办英语演讲比赛的时候，我在犹豫要不要参加，临近期末考试，又有许多课程作业要完成，害怕自己会忙不过来。最终，我还是说服自己参加比赛。学院最初有六七个人报名，但后面一大半都退赛了，只有三个人直接参加了校赛，而我在校赛选拔中获得了第一名的成绩，加入了学校英语演讲队。时至今日，回想起当初的选择，如果我没有鼓起勇气参加，就不会拥有这么珍贵的一段学习和成长经历。

图 1　演讲比赛现场

参与是获得成长的第一步，也是最难的一步。在参加英语演讲比赛之前，我并不知道自己有这方面的潜力。因此，只有当我们跨出舒适区，勇敢迎接新的挑战时，才能真正看到自己的成长和无限的可能性。正如罗伯特·弗罗斯特所说：“两条路分叉在树林中，我选择了人迹更少的一条，这使得一切都不一样。”

直到参加训练，我才意识到，英语演讲比赛不仅仅是一场语言技能的竞赛，也是对个人综合能力的全面考验，包括语言的表达能力、知识的灵活运用，以及与人沟通交流的技巧。而这些技能的提升并非一蹴而就，而是需要长期坚持不懈的练习和积累，才能逐渐取得显著的进步。训练的核心环节是即兴演讲，这对我而言始终是一个巨大的挑战。即兴演讲要求在没有准备的情况下，迅速组织语言，清晰流畅地表达观点。在这个过程中，我不断进行实践，每一次练习都是对自己思维敏捷性和语言表达能力的测试。在一次次的练习中，我学会了如何更有效地组织思路，如何使我的语言更加生动和有说服力。

练习的重要性不仅仅在于技能的提升，更在于它能够帮助我建立自信。每当我完成一次比较成功的即兴演讲，我都会感到自己的自信心有所增强。这种自信是逐渐积累起来的，它来自不断的尝试、失败、再尝试并最终获得成功的过程。

比赛的过程并不容易，尤其是省赛前没有模拟赛来检验自己的水平，每天晚上从训练室回到宿舍，我都很郁闷。我不确定自己与他人的差距，害怕自己的努力白费，也担心辜负老师的栽培和期望，甚至考虑过放弃比赛。后来在课上听到一句话，“焦虑的反义词是具体”，于是我放下了重重顾虑，投入训练之中。随着时间的推移，我不仅在演讲能力上有所提升，更重要的是，在心理上，我变得更加坚强和自信。我学会了如何在压力下保持冷静，如何在面对困难时找到解决问题的方法。焦虑和不确定性常常是我们前进路上的绊脚石，面对它们时，坚持和努力是最有效的武器。随着比赛的推进，我学会了如何将恐惧转化为动力，如何将不确定性转化为成长的机遇。

这段经历早已超越英语演讲比赛本身，成为一段自我探索和内在成长的旅程。我深刻体会到“Participation, Practice, Perseverance”这三个单词的重要性。参与让我跨出了舒适区，练习提升了我的技能和自信，而坚持使我在挑战中不断成长。未来还有很长的路要走，我希望能继续提升沟通和批判性思维能力，将在比赛中学到的经验运用到未来的学习和生活中。同时，我也期待着走入更广阔的世界，勇敢面对新的机遇和挑战。

荣誉证书
HONORARY CREDENTIAL

王梓赫 同学：

荣获2023“理解当代中国”湖南省大学生外语能力大赛竞赛一组演讲一等奖。

指导老师：彭 毅

湖南省教育厅
二〇二三年十二月

图 2　获奖证书

我曾连续三年参加全国大学生英语能力竞赛，前两年都止步于二等奖，未能进入决赛，尤其是 2023 年的成绩距离晋级只差一分。未能晋级的遗憾让我下定决心，全力以赴备考 2024 年的比赛。还记得比赛前的一个月里，每天走在路上，我不再听音乐，而是收听英语播客“磨耳朵”；往年的考试卷都做了个遍，认真总结其中的生词、语法点和做题技巧；一年前的大英赛笔记本又被我翻了出来，这次写得没剩几页。

如今想起这些经历，我深刻领悟了“以赛促学”的真谛，尽管最终获奖也有很大一部分运气成分，但通过这次备赛和竞赛，我学到的知识、提升的能力将永远属于自己。我深信，唯有在不断的努力和自我超越中，才能迎来更大的进步与成长。

作者简介

王梓赫，文学与新闻学院2021级新闻专业学生，保送至中国传媒大学攻读研究生。曾获2024年全国大学生英语竞赛特等奖、2023年“外研社·国才杯”“理解当代中国”全国大学生外语能力大赛银奖、湖南省广播电视奖一等奖等奖项12项。发表论文1篇。

企业模拟经营，绽放青春风采

唐小娜

时光倏然，毕业经年。回忆起大学的青葱岁月，只觉得四年的生活让人意犹未尽、受益匪浅。如果可以，我愿重走来时路，一点点捡拾起那些被我匆匆略过的瞬间。这短短的四年时间中，沙盘竟陪伴了我接近三分之一的日夜，那些平凡的点滴，汇聚成涓涓溪流，淌过岁月长河仍肆意奔腾。即使是在六年后的今天，依然让人热血沸腾。

2018 年夏天，湖南省第三届“新道杯”大学生企业模拟经营大赛的通知在班级群中引发一阵轰动，报名人数持续递增。当时仅大一的我，有幸与伙伴通过初赛选拔，进入省赛队伍。经过刻苦训练，我们最终在决赛舞台斩获二等奖。这段旅程，我愿用四个字来概括——勇、精、变、合。

图 1　团队合影

“勇”是我们探索旅程的开山之镐。也许是初生牛犊不怕虎，初入大学的我充满青春活力，对未知的旅程充满好奇，勇于尝试，积极探索，敢于在从未涉及的领域肆意留下足迹。正是怀揣着这份勇气，我填写了报名表。在经过简单培训后，我对企业模拟经营竞赛有了更深的认识，即参赛者担任企业CEO、财务、运营、销售、生产总监等角色，负责从生产到销售、从计划到执行的全流程运营。我们需要制定经营策略，应对各种风险，化解生存危机，实现最大获利，大家亲切地称呼其为沙盘。初赛现场，人头攒动，座无虚席，大家都跃跃欲试，用勇气叩开沙盘的大门，迎来一段全新的旅程。

“精”是我们不断攀升的登山之索。进入省赛队伍后，我们经历了更为严苛的训练。大一至大二的整个暑假，我们一群人每天穿梭在校园中，从金翰林到经管楼的道路承载了太多的欢声笑语，606 教室里全是我们一遍遍尝试、复盘的身影，只为精益求精。面对不同的市场环境，选择何种产品、如何筹集资金、如何管理销售及库存都至关重要，唯有不断深耕，力求每一种方案达到最优，方能在赛场上胸有成竹、沉着应对。

“变”是我们站上奖台的成功之钥。如同现实的多变性与不确定性，决赛中的市场信息一经发布便引发一片哗然，只能用“极端”来形容。我们熟悉的赛道利润暴跌，生存压力骤增，而原来的小众赛道突然迸发活力。这种情况令所有参赛者始料未及。创新胜古意，驭帆赋新章。在瞬息万变的环境中积极抓住潜在生机，谋求转型，以壮士断腕的决心舍弃传统路径，以破釜沉舟的毅力探索全新赛道，敢于创新、勇于求变，是我们成功的密钥。这种精神也将伴随我们此后的人生，面对困境，敢于开拓创新；面对未知，善于变化突破。

“合”是我们艰辛旅途的护航之星。古人常说，天时地利人和。在这次竞赛中，我们不仅有队友之间的相互扶持、团结一心，一路支撑跨过艰难险阻；也有指导老师的细心教导、鼎力相助，陪伴我们度过光辉岁月；更有母校的遮风挡雨、保驾护航，提供优良的平台和完善的保障，为我们的追梦之途撑起一片蓝天。正是因为这次经历，我在懵懂时期便训练了商业思维，提升了专业素养，对自己未来从事的领域有了更深刻的认知。所谓“用众人之力，则无不胜也”，十分感谢一路走来各方的支持与帮助，没有他们，我不可能收获成长，更不可能成为如今的自己。

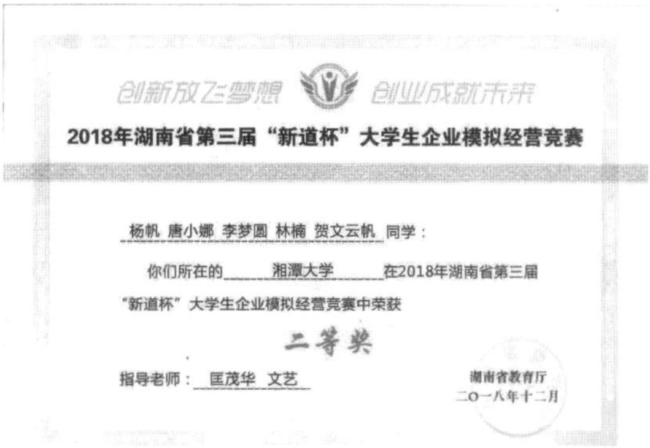

图2　获奖证书

满怀勇气决心，力求精益求精，善于创新变化，赢得合力支持，感谢老师的指导、伙伴们的合作，这次竞赛给予了我面对人生的胆量与方法。追风赶月莫停留，平芜尽处是春山。未来，我将继续前进，不断攀升，以时代开拓者的身份持续绽放青春风采，不负母校培养，不负祖国河山！

作者简介

唐小娜，商学院2017级会计学专业本科生，保送至暨南大学攻读研究生，现就职于普华永道会计师事务所。曾任商学院2019级新生辅导员助理、党支部助理。曾获国家奖学金、国家励志奖学金，湘潭大学甲等奖学金、优秀社会工作者、优秀学生干部，湖南省优秀毕业生等荣誉；湖南省“新道杯”第三届大学生企业模拟经营大赛二等奖、湖南省“新道杯”第四届大学生企业模拟经营大赛一等奖等奖项。

国际“魔法师”的打怪升级之旅

唐智宾

2020年，怀揣着迷茫与不安，又带着初入大学的新鲜感，我踏入湘潭大学的大门，拥抱这片陌生的土地。我思忖着，或许在默默无闻中脚踏实地前进将成为我这四年大学生活的底色。但谁也抵挡不住命运的安排，它似乎不希望我安于平淡。2021年底，我在一次英语演讲比赛中崭露头角，因优异成绩被遴选为湘潭大学国际模拟法庭赛队成员。自此，我与国际模拟法庭、模拟仲裁庭赛事结下不解之缘。参加“贸仲杯”等大赛的经历，成为我本科生涯中最浓墨重彩的一笔。同时，我也遇见了最好的老师们，最温暖的伙伴们，并成就了这个阶段最好的自己。

从初入赛场的怯生生，到秉持“重在过程、不断尝试”的从容，再到为荣誉背水一战的努力，最终实现“不为外物，只想和伙伴们一同拓宽能力”的境界升华，这段征程见证了我人生的蜕变。在此期间，我们曾跌落谷底、失意彷徨，也曾携手冲破黑暗，并肩迎接破晓后的光明。我初次上场是Willem C. Vis（East）国际商事仲裁模拟仲裁庭辩论赛，在原有框架被推翻、思路被迫重构的压力下，倾注诸多时间精力后终于得到回报——我不仅在赛场上遇见了后来成为良师益友的外国仲裁员、许多国际伙伴，也第一次和最信赖的搭档并肩作战。我们一直进步着，从在国际投资模拟仲裁庭比赛中名列前茅，到个人摘得优秀辩手奖项，再到线下前往武汉参加第二届“武仲杯”国际商事仲裁模拟仲裁庭辩论赛收获亚军。这些小小的收获和成就累积，激励着我们走上在各类国际模拟法庭、模拟仲裁庭大赛中继续攻城略地的“阳光大道”。

2022年的“贸仲杯”，面对100余支强劲对手，我们赛队以全国第五名的成绩获得团队一等奖，我个人也收获优秀辩手奖项。首次担任庭辩律师上场，我遇到了前所未有的挑战：赛题涉及无人机前沿科技与仲裁刑事交叉的复杂议题，远超传统国际商事仲裁范畴。我们如同暗夜中的探索者，寻求五湖四海朋友们的数据库支持，阅读整理海量英文文献，跨越中美澳时差与教练组连线交流。双方观点的激烈碰撞，为文书撰写带来极大挑战。深夜在空荡荡的教室推敲陈述逻辑，应对每日高强度的口头模拟训练，与队友共同抵抗期末复习的压力，多线并行的日子，我无数次产生弃赛的想法。幸而，指导教练覃斌武老师与Rajesh教授的关爱指导，搭档的坚定支持，朱子熹、黄婧、黄蕊子、刘安妮等同学的遮风挡雨，还有内心深处对国际模拟法庭的炽热热爱，帮助我渡过了难关。等待公布初赛成绩和十六强晋级资格的那天晚上，我和队友已通过了三天四场比赛的考验。为了应对可能到来的复赛，我们只能睡在办公室抱团取暖，最终在凌晨四点收到了以全国第五晋级的消息。我和搭档一鼓作气，凭借仅一小时的短暂休息，在半决赛中击败了武汉大学，在与中国人民大学的对决中斩获一等奖。湘潭大学“贸仲杯”赛队用行动证明实力，化解过去所有的不甘与遗憾，实现了从战胜他人到超越自己。

图1　获奖证书

2023年，在第三届“武仲杯”国际商事仲裁模拟仲裁庭辩论赛中，我们赛队勇夺冠军，实现了对上一届屈居亚军的完美救赎。

回望大学四年，近三年的时光都献给了赛场。尽管磨砺重重，但是青春无悔，收获颇丰。感谢教练覃斌武老师始终如一的包容与关怀，成为我们几只“魔法萌新”前进路上的灯塔，带领我们探索不一样的秘境；感谢亲爱的竞赛伙伴们，在那些挑灯夜战、以办公室为寝的日子，在那些修改文书、焦灼等待成绩的时刻，有你们的陪伴与鼓舞、勉励与支持。十年后再回首，或许仍会为这段拼尽全力的青春岁月而热血沸腾。如果问世上是否有奇迹？我的答案是“有”。你看，我们夜以继日的努力以及前行路上的所有善意与爱，共同缔造了一个又一个奇迹。

作者简介

唐智宾，法学院2020级法学专业本科生，湘潭大学国际模拟法庭赛队队员。曾获第二十届“贸仲杯”国际商事仲裁模拟仲裁庭辩论赛一等奖、个人优秀辩手，第三届“武仲杯”国际商事仲裁模拟仲裁庭辩论赛冠军，中国第二十二届Jessup国际法模拟法庭比赛二等奖。

以赛为镜，在实践中拓宽创意边界

段子逸

10项作品、4项国家级奖励、3项省级奖励、8项校级奖励——这组数字见证了我与全国大学生广告艺术大赛（大广赛）相伴的三年时光。而这段旅程的背后，有反复推翻方案时的迷茫，有灵感乍现时的惊喜，更有捧出作品时难以言表的成就感。它不仅记录着我的努力与付出，更承载着一名广告学子的成长与蜕变，成为我学生时代最宝贵的回忆。

积累经验，碰撞灵感，让创意萌发新芽。大广赛是迄今为止全国规模最大、覆盖高等院校较广、参与师生人数多的国家级大学生A类赛事之一。作为在广告专业领域极具认可度的权威赛事，大广赛一直是广告专业学子必做的课题，受到专业老师和院校领导的高度重视，在专业指导和技术支持等方面给予充分的帮助。在第15届大广赛中，本团队（段子逸、舒一梅、秦可欣、陆方琳、赵祖悦）的品牌策划方案《就要舒适圈》荣获朗圣药业&赤尾企业策划奖二等奖与全国三等奖。

相较于参加第14届大广赛时的青涩懵懂，在积累了一定的参赛经验后，我对广告策划与创作的理解逐步深入。在第15届大广赛备赛过程中，我深入剖析了命题策略单与历年获奖作品，并在数字广告创作课程中与王苑丞老师反复探讨打磨选题，融入更多个人思考。最终，我与团队成员共同选定朗圣药业品牌策划案命题。

图 1　获奖证书

这一选择，不仅源于我们对市场趋势的敏锐洞察，更基于对品牌价值的深度理解。一方面，作为全女生团队，我们发现随着社会对女性权益关注度的日益提升，女性生殖健康行业前景广阔。而朗圣药业作为这一领域的佼佼者，其“随心所欲，绽放女性之美”的品牌理念与市场需求高度契合。另一方面，我们也意识到，朗圣药业目前的品牌辨识度尚有提升空间，“关注女性生殖健康”的品牌口号需要以更有力、更富情感的方式进行传播。

在创意输出阶段，我们遇到了诸多挑战：如何精准把握目标受众的心理需求？如何将品牌理念与营销策略有效结合？如何在众多参赛作品中脱颖而出？这些问题一直萦绕在我们心头。起初，我们带着写满创意的纸张与老师探讨，却因核心诉求把握不准、创意思路缺乏新意、创意口号不够凝练等问题，或是被否定，或是反复修改，迟迟未能形成令人满意的出彩方案。然而，正是这些挑战激发了我们的创造力与斗志。我们双管齐下：向内，积极发散思维，碰撞灵感，记录下每一个启发点；向外，通过发放调查问卷、深度访谈核心群体，广泛收集一手反馈，并及时与老师沟通讨论。

孙丰国老师曾在广告创意与策划课程中强调，品牌策划不应是广告人的自我陶醉，而需要与社会展开对话，尤其是要直面社会中的“真问题”。于是，我们深入社会开展调研，经过多次头脑风暴，结合产品特点与消费者洞察，提炼“舒适”作为品牌核心诉求点，并聚焦“女性舒适”这一社会热点议题进行创意构思与表达。

感知社会，破题“舒适圈”，让创意恣意绽放。参与并关注社会议题进行营销，正成为品牌唤醒用户感知与认同、传递价值理念的重要策略。对于朗圣药业而言，为女性提供舒适体验、探索更为舒适的世界，是其塑造品牌文化、明确品牌定位、增强品牌辨识度的关键路径。我们从目标受众熟悉的概念——“舒适圈”切入，对朗圣药业“关爱女性生殖健康”的企业理念进行全新诠释，提出“就要舒适圈”的品牌主张，以此搭建起与目标受众的沟通桥梁，既植入朗圣产品的舒适特质，又彰显出对女性舒适感受的深度关怀。

只有扎根社会土壤，创意才能开花结果。在确定了这个创意主张后，我们与老师深入交流，收获了认可与鼓励。老师称赞我们的创意主张有新意、有价值，这让我和团队成员备受鼓舞，决定全力投入品牌策划案的创作与打磨，“大干一场”。然而，创意主题的确定只是开始。鉴于在品牌策划中引入了“舒适圈”这一独特概念，为了确保策划方案的严谨性与逻辑性，我们反复讨论、复盘，仔细梳理逻辑推导、结构布局与阶段分布，力求将核心主张以高效、清晰的方式传达给受众。我们从“掌握”“绽放”“自由”三个品牌关键词出发，巧妙延伸出“走进舒适圈”“拥抱舒适圈”“拓宽舒适圈”三大核心阶段，构建了完整清晰的品牌提案。从创意逻辑的整体把控，到策划执行的细节落实；从策划案主题色的选定，到创意活动物料的制作；再到策划案成品标点字句的逐一审校，每一个环节都倾注着广告学子的创意心血与人文情怀。

携手共进，精打细磨，让创意开花结果。在创作的道路上，团队曾面临校赛截止日期前难以成稿的困境；备战省赛的关键时刻，策划方案历经数十次打碎重构；参与国赛评选与企业策划奖的角逐，完整作品经过近百次拉票转发，最终赢得了广泛的认可与赞誉。在此，衷心感谢每一位团队成员。正是你们的头脑风暴、全力以赴和打磨完善，才使得这份作品得以诞生并熠熠生辉。同时，特别感谢学校与学院对人才培养及广告专业学科竞赛的高度重视与大力支持。王苑丞老师的命题启发、孙丰国老师的细节把控、刘中望老师的文案建议、谭石维老师的排版指导……在比赛的各个环节，老师们的帮助与支持令我铭记于心，谨向各位恩师致以最真挚的谢意。得知团队获奖的喜讯后，学校给予了极大的鼓励，并提供经费支持我们前往中国传媒大学领奖。这份支持不仅是对过往成绩的肯定，更是对我们未来发展的期望和激励。

图 2　获奖证书

在这三年的参赛历程中，我深刻体会到"以赛为镜"的意义。每次参赛，都是一次自我审视与反思的机会。从选题时的迷茫，到构思阶段的千回百转，再到制作过程的精益求精，直至最终的精彩呈现，每个环节都如探险般充满了未知与惊喜。我不断地观察、学习、反思，将创意与社会议题紧密结合，从其他优秀作品中汲取灵感，在指导老师的反馈中找寻方向。这些宝贵的经验积累，如同明灯一般照亮了前行的道路，让我更加坚定地走向自己的目标和梦想。未来，我将继续保持对世界的好奇，秉持这份热爱与执着，去探索更多有趣、有深度的广告创意。

作者简介

段子逸，文学与新闻学院2021级广告学专业本科生。曾获湘潭大学“伟人之托”奖学金、“晨曦”奖学金、优秀学生干部、三好学生等荣誉；第15届全国大学生广告艺术大赛策划案类三等奖、视频类三等奖等奖项。

莫负韶华，一路生花

闫恩赐

参与学科竞赛的经历，是我学习生涯中极为重要的一部分。这种学习方式不仅让我掌握了更广泛的学科知识，更帮助我在实践中提升综合素质，锻炼思维与实践能力。在这个过程中，我深刻领悟到学习的真正价值，也收获了勇气与自信，从容地去面对未来的挑战。过去两年，我在学科竞赛中取得了一些成绩，备赛时付出努力的情景，至今仍历历在目。

积累经验，打牢竞赛基础。第一次参加学科竞赛是在 2023 年 3 月，我尝试投递华灿奖。然而，由于专业能力薄弱、备赛时间紧迫、赛事难度较大、参赛经验不足等原因，最后以失败告终。但我并未因此气馁，而是客观分析失利原因，迅速调整状态，积极准备迎接下一次挑战。碰巧，第七届米兰设计周的截止日期临近。在那一个月里，光是课程作业的选题就让我绞尽脑汁。每当欣赏老师在课堂上分享的案例时，我都会在心里默默给自己鼓劲：一定要在学科竞赛中取得荣誉。比赛截止时间越来越近，我一个人推进项目的速度相对较慢，加之其他课程也有相应的作业，时间愈发紧张。在距离截止日期仅剩三天时，我请班里的同学帮我一起完成作品。我们几乎将所有课余时间都投入作品创作，穿梭于教室与兴湘教学楼之间，中午也顾不上休息，将鼠标点得哒哒响。终于，我们完成了一个半成品。经老师指导修改后，我们匆忙提交了作品，最终获得了省级三等奖，遗憾未能晋级国赛。看着国赛获奖名单中一次次闪过身边同学的名字，我的心里就埋下一颗种子：一定要冲进国赛。

坚持不懈，多处开花结果。设计学专业相关赛事众多，每次我都积极参与，即使毫无获奖的可能。正是这份坚持，让我在 2023 年 8 月获得了第 11 届未来设计师全国高校数字艺术设计大赛全国决赛三等奖以及中国包装创意设计大赛在校本科学生组三等奖两项大奖。不过，我并没有满足于这些成绩，而是暗下决心一定要拿国家一等奖，并将微信名改成了“不拿国一不改名”，以此激励自己。

严于律己，平衡工作学习。步入大三紧张的学习阶段，同时担任艺术学院新生班主任助理，我更加严格要求自己，立志做好表率。日常除了必要的学习任务和活动安排外，基本保持“工作室—食堂—寝室”三点一线的节奏。在认真完成学生工作的同时，我也丝毫没有放松学业。经过大三上学期的不懈努力，我的成绩进步显著，跃居专业第一名。

获奖证书
第11届未来设计师
全国高校数字艺术设计大赛全国总决赛
三等奖
作品名称：湘遇黼友—湘绣字体设计
作者姓名：汪湘怡、闫恩赐、夏楠楠
参赛组别：本科生组
作品类别：视觉传达设计
参赛单位：湘潭大学
指导老师：黄准
大赛官网：www.ncda.org.cn
证书编号：HJNCDA202308002157
2023 年 08 月 25 日

2023
中国包装创意设计大赛
CHINA COMPETITION OF CREATIVE PACKAGING DESIGN
在校本科学生组
自主命题设计：平面广告（海报）设计
Design Of Own Proposition:
Print advertising (poster) design
三等奖
CERTIFICATE OF THE THIRD PRIZE
Title of work / 作品名称
《岁时节令——“二十四节气”字体海报设计》
Name / 作者姓名
闫恩赐 陶翰铭
Advisor / 指导老师
李娜
Unit / 作者单位
湘潭大学
中国包装联合会
CHINA PACKAGING FEDERATION
NO：ZXBK52023082553686

图 1　获奖证书

敢于尝试，付诸实际行动。在日常的课程作业中，我大胆涉足未曾尝试过的领域，翻出已经闲置两年的手绘板，从零开始学起。作为一个完美主义者，我秉持着对作品精益求精的态度——若未达到当下能力范围内的满意效果，宁愿牺牲休息时间，也要反复打磨。完成一件作品并非终点。随着知识面的拓展与专业能力的提升，我会多次翻出以前的作品，持续修改完善。无论是在校期间还是假期，我都会主动将修改后的作品发给老师和同学，虚心请教改进建议。2024 年春节，大年初一外出游玩回来，我顾不上疲惫，当晚便上楼修改作品直至深夜。此外，每每从好的作品中获得灵感，我或是立马去修改作品，或是将想法记录在手机备忘录里，等有空时再去修改。在这种持续打磨的过程中，我的作品日益精进，而支撑我不断前行的，正是内心那份坚定的信念：一定要拿下国家一等奖。

圆梦“国一”，持续提升自我。后来，我依然保持着三点一线的学习习惯。无论是否有课，我都会早早抵达工作室，直至夜深人静才返回寝室休息，有时甚至会在工作室的沙发上将就一夜，只为尽心完成老师交代的每项任务。我始终坚信“认真面前无难事”。功夫不负有心人，在 2024 年第八届米兰设计周 · 中国高校设计学科师生优秀作品展中，我获得一等奖，实现了梦想。但我深知这只是起点，国家一等奖只是一个小目标。在未来的学习生活中，我将继续坚持不懈、奋勇前行，持续提升自我，为人生之路筑牢更坚实的基础。

作者简介

闫恩赐，艺术学院 2021 级视觉传达设计专业本科生。曾任湘潭大学艺术学院养成教育类辅导员、视觉传达设计专业本科生党支部书记助理、思政课画作指导、书画协会会长等职。曾获湘潭大学三好学生标兵、优秀共青团员、志愿服务先进个人等荣誉；两岸国际艺术设计 · 年度奖 · 两岸数字艺术设计大赛金奖，第九届东方设计奖 · 全国高校创新设计大赛一等奖，美国新概念设计艺术奖中国分赛区一等奖，第八届米兰设计周·中国高校设计学科师生优秀作品展一、二、三等奖及省级奖项6项，“蓝桥杯”大赛·视觉艺术设计赛二等奖及省级奖励4项，中国包装创意设计大赛国家级奖项3项，未来设计师·全国高校数字艺术设计大赛三等奖2项、省级奖项4项等奖项60余项。发表学术论文1篇。

我的国际模拟法庭成长之路

黄　蕊

当写下这些文字的时候，时间已经来到了本科毕业。我在忙碌的毕业季草率地结束了与很多人的最后一面，很多记忆开始变得模糊。于是我努力打开回忆的匣子，开始回顾大学四年与国际模拟法庭、仲裁庭的那些痛苦、美好又闪光的日子。

图 1　获奖证书

时间回到 2021 年 10 月，学院英语演讲比赛决赛结束后，我返回候场室拿东西，“意外”被学校国际模拟法庭教练覃斌武老师留下一起开会，就这样懵懵懂懂地入选了当年的“贸仲杯”赛队。第一次面对 47 页的赛题，接触从来没有涉猎过的国际仲裁和贸易法知识，还有会议室里陌生的队友们，所有的未知让我失眠到凌晨四点。

打比赛的第一年，我并没有取得任何成绩，可以说是“颗粒无收”，但这对我来说却是一段很珍贵的成长经历。在与小伙伴们跟着学长学姐准备“贸仲杯”国际商事仲裁模拟仲裁庭辩论赛和 Willem C. Vis（East）国际商事仲裁模拟仲裁庭辩论赛的日子里，读着生涩的《纽约公约》《示范法》和《国际货物销售合同公约》（CISG），我觉得自己像块笨重的石头，却在不断的打磨中逐渐进步。

这一年的“意难平”让我坚定了继续打比赛的决心，无论输赢，只想看看自己在这条路上能走多远，于是才有了后面的故事。作为主力队员和学生教练，我相继参加了国际投资模拟仲裁大赛（FDI）、“武仲杯”国际商事仲裁模拟仲裁庭辩论赛、Jessup 国际法模拟法庭辩论赛等比赛，可以说，国际模拟法庭的经历贯穿了我的整个本科阶段。

打开社交平台不难发现，多数法学生都拥有丰富的模拟法庭经验和奖项。然而，这些看似同质化的经历背后，每个人的体悟和收获是不一样的。于我而言，大学四年的“魔法”经历不仅使我具备了法律文献检索与写作、英文辩论、多角度思考问题等能力，更重要的是带给了我珍贵的友谊和对于国际法的热爱。

首先，我由衷感谢覃斌武老师带我走进了这个奇幻的“魔法世界”。作为指导教练，覃斌武老师全程指导我们备赛。他总会有一些奇思妙想，这些内容也成了我们书状（memo）中或是庭辩场上的亮点。在备赛与比赛的过程中，我也曾有过低迷的状态，也经历过比赛结果不理想的时刻，覃斌武老师总是很乐观地宽慰我。学会接纳，这也是模拟法庭教会我的人生道理。

其次，我无比幸运能与队友们相遇，尤其是 procedural team 的“黄黄们”（是的，我们六个人的赛队里有三个队员姓黄）。我们一起见证了永雄楼的凌晨一二三四五六点，背着 FDI 周边帆布袋，驮着重重的电脑和资料，走在回宿舍的路上，尽管心里藏着备赛焦虑，但总是笑声洋溢。我是一个内向也极其容易内耗的人，但在女孩们彼此鼓励的力量中，在一次次并肩作战的过程里，我逐渐变得强大。站在毕业的节点，我难过于我们不再是我们，即将奔赴不同院校的“魔法队员们”说不定哪天会成为对手，但我相信，我们依旧是我们。

从最初那 47 页的赛题（vis problem），到反复研读的最佳书状（best memo），从一个小的议题（issue）到一本本相关领域的权威著作。在痛苦准备比赛的同时，我很幸运地感受到了国际法的魅力。模拟法庭的经历好像有种魔力，让我在选择读研方向的时候，坚定地选择了国际法。当然，这也离不开本科阶段几位国际法老师充满魅力的课堂。我十分感激那些通过不断阅读，去触碰知识、解答疑惑的瞬间，可谓是“醍醐灌顶”。

找到自己的定位。我们赛队在人员选拔阶段采用的是人海战术，指导老师通过多种途径，搜集英语水平和学习能力突出的同学，组成一支规模庞大的队伍。随着备赛的深入，坚持到最后的往往只有寥寥几人。在这个过程中，包括我在内的很多同学，都曾因难以在队伍中找到自己的优势而陷入迷茫。但我逐渐意识到，无论队伍人数如何变化，最重要的就是找到自己的定位，走出自己的舒适圈。

对于团队中的研究员（researcher）来说，首先要明确的一点是“队伍里的每个人都是研究员”。无论是否站上辩论席，都需要具备出色的法律检索和精准筛选能力，在海量文献中找到真正有用的资源，并利用这些资料深入挖掘、获取自己想要的内容。而辩手（oralist）则需要具备更多的特质：自信的台风、得体的庭辩礼仪、直面法官提问等。值得注意的是，作为代理人（agent），我们的核心职责是协助法庭 / 仲裁庭推进审理进程，在论述中做到积极回应，但在语言表达上不宜过于针锋相对。

把细节做到极致。在此，我想分享一个故事：2024 年中国第二十二届 Jessup 国际法模拟法庭辩论赛书状提交的前一晚，我还在全力检索之前没有检索到位的问题。虽然最后也没来得及将新发现写入文书，但在最后一场庭辩中，上场队员恰好被问到这个要点。可见，在准备庭辩的过程中，不要轻易放过任何小细节，务必做到充分全面。

中国人民大学法学院

中国·杰赛普

ILSA INTERNATIONAL LAW STUDENTS ASSOCIATION

证 书

CREDENTIAL

兹证明：黄蕊

作为选手参与了于2024年2月17日至2月20日举办的“中国第二十二届Jessup国际法模拟法庭全国选拔赛”。

This is to certify that Huang Rui

Participated as Contestant in the Twenty-Second Chinese National Round for Jessup International Law Moot Court Competition between 17 February and 20 February, 2024.

中国人民大学法学院
Law School
Renmin University of China

中国JESSUP国际法模拟法庭比赛组委会
The Steering Committee for the Chinese Round for Jessup International Law Moot Court

图 2　参赛证书

以 2024 年第十六届“北外 · 万慧达杯”知识产权模拟法庭竞赛为例，完成初步检索后，我们首先拟定文书写作大纲，并根据大纲进行分工。初稿完成后，我会选取一方文书，指出在各个方面存在的问题，并确立统一规范，在此基础上反复修改打磨。这个过程是十分耗费精力的，任何语法或标点的错误、引注或格式的不规范，都会被我这个“强迫症患者”一一揪出。在队员口头辩论（oral）的训练上，我们会对辩论稿进行反复练习，训练队员的法庭礼仪（court manner），针对赛场上所有可能遇到的问题，准备好 Q&A 清单并强化记忆。最终，我们赛队以初赛庭辩书状综合得分第一名的成绩晋级复赛，并一举夺魁。

我想，正是这些小小的细节，成为我们获胜的关键。而对于这些细节的追求，是在过往一场场赛事的磨砺中，沉淀下来的习惯。

《山月记》中说：“我深怕自己本非美玉，故而不敢加以刻苦琢磨，却又半信自己是块美玉，故又不肯庸庸碌碌，与瓦砾为伍。”回望在模拟法庭上倾注的时间与精力，突然发现，那些闪亮的日子已经成为我人生的一部分，鼓励着我继续向前。

作者简介

黄蕊，法学学部2020级法学卓越班本科生，湘潭大学国际模拟法庭赛队队员。曾获第二十届“贸仲杯”国际商事仲裁模拟仲裁庭辩论赛一等奖、第二届“武仲杯”国际商事仲裁模拟仲裁庭辩论赛亚军、中国第二十二届Jessup国际法模拟法庭辩论赛二等奖、第十六届“北外·万慧达杯”知识产权模拟法庭竞赛全国冠军（担任学生助理教练）。

每个梦想都值得被照亮

廖智超

“青春无问西东，奋斗自成芳华。每个人都是自己的英雄，每个梦想都值得被照亮！”2021 年 4 月 26 日，我在首场国家奖学金获得者优秀事迹巡回报告上，分享了在湘大的求学时光和自己的外交梦。

图 1　比赛现场

外交梦，从小便在我的心里生根发芽。外交部的张京是我的偶像，是我学习的榜样。她曾对我说：“当翻译官站在国际舞台上时，就是一名外交官，他代表的是国家至高无上的利益，并要把自己置于聚光灯之外。”为外交事业奋斗终身，是我矢志不渝的追求。这一目标，随着年岁的增长，底色愈来愈浓，志向越来越强。

2017 年 9 月 1 日，我怀揣着这个梦想，跨过三拱门，进入湘潭大学外国语学院翻译专业学习。2021 年 5 月 4 日，我入选《人民日报》刊发的《本专科生国家奖学金获奖学生代表名录》，这不仅是我在湘大四年给自己交上的一份满意答卷，也是我迈向未来的新起点。

在这里，我收获了多项国家级、省级荣誉：国家奖学金、第九届全国口译大赛一等奖、2019 年中华口译大赛全国总决赛一等奖、湖南省第 25 届普通高校大学生英语演讲比赛一等奖、湖南省优秀毕业生……感谢湘大，因为有了这些成绩，我顺利保送至北京外国语大学高级翻译学院英语口译专业中英同声传译方向。

人生的扣子从一开始就要扣好。常有人问我：“为什么你能够坚持学英语这么多年，取得这么多好成绩？”其实，我认为自己与同龄人的能力相差无几。我对语言文化乃至一切事物的学习探索，皆源于深沉的热爱与执着的坚持，而这份热爱与坚持，离不开父母的启蒙。他们给我的人生带来了决定性的影响。自幼，我便在家中接受中英语言文化的熏陶，四五岁时正式系统性学习英文。母亲那句“既然你自己决定学英语，就必须一直坚持学下去，不能半途而废”，成为指引我人生的箴言。自那时起，只要是正确的决定，无论任何事，我必定会一路坚持直至开花结果。一位老师曾嘱我以言：“不管取得什么好成绩，只要不是行业第一，就没有资格说自己优秀。”正因如此，即便在全国性口译大赛上拿到冠军，我也将其视为激励自己不断进步的动力，立志成为一名有真才实学的好青年。

别问学校能为你做什么，要问你能为学校做什么。湘大四年，当时的硬件条件远不及现在。有些学生抱怨环境不好，对饭菜、住宿、设施等有各种不满。但于我而言，以上皆是身外之物。弱者抱怨，强者不言，智者变通，方显英雄本色。

我参加过的大型赛事数不胜数，伴随而来的荣誉同样如此，而这些荣誉恰是在这样的环境中取得的。2019 年备赛全国英语演讲大赛，我在湘大外语楼的一间办公室度过了四个月的时光，除了每日回寝室淋浴，其余时间没有踏入过金翰林公寓半步；同年参加中华口译大赛全国总决赛，导师侯晟老师给予我全方位的支持与帮助，从专业指导到生活照料，事无巨细；2020 年参加全国口译大赛总决赛，侯晟老师即使因身体不适住院疗养，仍坚持在病房里为我辅导。凡此种种平凡生活里的不凡之举，都带给我极大的触动。

“师傅领进门，修行靠个人。”在湘大的日子里，我平均每天投入 16 小时以上专攻学业与专业实践，修得法学双学位，翻译过几本历史学作品，参加过很多大型赛事和专业活动，公派赴美访学推动中外文化交流，接受联合国系统同声传译培训。

外语楼里大部分教室没有空调，酷热的夏天，我可以坐在教室学习到零点，再回到寝室接着学习到半夜两点；严寒的冬天，外语楼靠小黄车的一侧楼梯，冷风呼哧呼哧地灌进来是常态，我可以早上五点多来到学院，坐在楼梯上或站在窗户边练上一天的口译……“知者不惑，仁者不忧，勇者不惧。”在我的眼里，湘大的优势可以为我带来充分的滋养，而那些尚待提高的地方，恰好可以成为锻造我的性格秉性、化“贫壤”为“沃土”之能力的机会。无论如何，我始终认为，要想让学校成为自己眼中的“阿卡德谟学园”，就要凭借努力让自身先发光发亮，再带着这份作为学生应有的集体荣誉感和责任感让学校成为真正的“瑰地”。

实力和道义，可成己之美，亦可成人之美。每一场口译比赛总会涉及不同的主题和领域，学习、生活、工作等也是如此，总会和不同的人、事、物打交道。未雨绸缪方能先发制人，触类旁通方能灵活变通，知己知彼方能百战不殆。我参加的每一场比赛，从严格意义上说，都没有所谓的“备赛”，因为我早已将比赛化作学习的一部分，将学习视为生活的一部分，日常的修习、积累、锻炼和反思，都是在为未来的每一场比赛做准备。我不是功利主义者，因此不会赞同一些人的“临时补救”，而是坚信“功成必定有我”。

绿叶有泥土滋润，红花有绿叶相持，泥土有红花反哺。一个人的成就离不开集体，承前于师恩前辈，启后于后学晚辈。带动同窗，启发后人，共同进步，齐追卓越，这是湘大人应该有的信念。

四年的历练与成长，不只是我个人的坚守，还有老师的关心和学校的培育。我真切感受到了母校的教育理念：湘大不只是湘大人的湘大，更是国家和社会的湘大。“每个人都是自己的英雄，每个梦想都值得被照亮”，我一直在追逐外交梦的路上奋勇前行，也将带着这份梦想坚持走下去。

作者简介

廖智超，外国语学院2017级翻译专业本科生，保送至北京外国语大学高级翻译学院英语口译专业中英同声传译方向攻读研究生。曾获国家奖学金，湘潭大学甲等奖学金、三好学生、三好学生标兵，湖南省优秀毕业生等荣誉；第九届全国口译大赛总决赛一等奖、2019年中华口译大赛全国总决赛一等奖、湖南省第25届普通高校大学生英语演讲比赛一等奖等奖项。2021年入选《人民日报》刊发的《本专科生国家奖学金获奖学生代表名录》。通过人社部翻译资格证二级笔译。

“阅读愉快”

许　言

我出版过不少图书，有翻译作品，也有创作作品。每次把样书送给好友，对方若要求赠言，我总是会写“阅读愉快”。记得一次线下活动，我连续写了几十个“阅读愉快”，在场的编辑打趣我没有创意。但我并不在意，“阅读愉快”是我对身边所有朋友最衷心的祝福，也是我为学弟学妹写“参赛心得”的题中之义。

图 1　与加拿大科幻小说家罗伯特·索耶合影

“阅读”二字，对我的人生至关重要。因为阅读，我找到了人生的“主业”和“副业”——写作和翻译。因为“愉快”，并不需要专门备赛，它是阅读的奖赏。即便如今步入社会，阅读仍然是我的习惯。虽然蜗居一室，结束加班后挤地铁回家看到一屋书籍，仍觉十分快慰。

小学的时候，我就开始看小说，尤其喜欢推理小说。在众多的推理小说中，我又尤其喜欢欧美推理小说，从埃德加·爱伦·坡、阿加莎·克里斯蒂，到埃勒里·奎因、多萝西·L·塞耶斯、范·达因、约翰·迪克森·卡尔，凡是市面上能找到的作品，我全都看了。不仅看，我还动手写了不少，也分享给同学品读。上大学时，我已经成了一个推理小说作者和资深书迷，还在杂志上发表了小说。

进入湘潭大学学习英语翻译，算是误打误撞。翻译并非我的第一志愿，而且当时对于“翻译”的概念也很模糊。只是因为从小英语成绩不错，就把这个专业填在了候补里。

Rory 老师开设的 “英语阅读”以及“英语阅读与写作”两门专业课，不仅让我系统地学习了英语阅读和写作的基础知识，也激发了我的英语阅读兴趣。因为老师的要求，我第一次磕磕绊绊读完了《吾国与吾民》《芒果街上的小屋》《动物庄园》《光荣与理想》等英文原作，还有《战马情书》等冷门广播剧文本。后来我渐渐明白，中英文写作天差地别。阅读英语作品，我仿佛打开了另一个世界的大门，用另一个脑子思考。

大二至大三期间，我把对于英语阅读的兴趣从课上“迁移”到了课外，开始阅读英文原版推理小说。当时，我特别喜欢新西兰作家奈欧·马许。由于国内引进她的作品很少，我就买了六七本原版书，一本本地“啃”起来，看完会在网上发表阅读感想。

没想到，这些感想引起了同好们的关注，大家纷纷表示想看中文版。作为一名翻译专业的学生，同时又是推理小说作者，我最终按捺不住心痒和手痒，开始着手翻译我最喜欢的一本——*Off With His Head*。这本书里涉及大量英国北部的民俗文化以及戏剧典故。当时只是心血来潮，而且完全是“为爱发电”的“民间翻译”。分文未赚，仅靠着虚拟网络里的几句赞美，我竟然坚持了一整年。每月更新一章译文，完成了全书的翻译工作。网友们说得最多的一句评价是：“你不愧是写推理小说的，把推理小说译出了推理小说的味道。”

大二和大三是英语专业学生参赛的黄金时期，班里的同学都在积极参加各类竞赛，我自然也不例外。为了备战阅读比赛，我天天刷 GRE（Graduate Record Examination，留学研究生入学考试）等各种考试的阅读题目。那段时间，看看“闲书”，做做“民翻”，成了我难得的放松方式，让我得以喘息。我参加了两届“外研社杯”全国英语阅读大赛，都拿了省级一等奖。遗憾的是每次都与特等奖失之交臂，没有去北京参赛的机会。不过，备赛过程极大地提升了我的英语阅读速度。如今回想，那些读过的“闲书”，才是我大学记忆中最珍贵的部分，奖项反而没那么重要了。

大四时，我通过了出版社和《科幻世界》杂志社的试译，从此告别“民翻”身份，成为一名正式的图书译者。后来，我翻译并出版了多部作品，涵盖推理小说、科幻小说、艺术绘本、食谱等。幸运的是，我还翻译了我最崇拜的作家爱伦·坡的短篇小说，现在想来仍然觉得不可思议。

图 2　与英国侦探小说家马丁·爱德华兹合影

如今，我看了十几年书，写了近十年小说，做了七八年翻译，还是觉得其乐无穷。这到底是为什么呢？我自己也想不明白，索性就不去想了，就这样读下去，写下去，翻下去。正如古人所言“乘兴而来，兴尽而返”，或许哪天我写不出、翻不动了，就停下手中的笔。但我坚信。阅读并不会停止散发魅力，就像当年阅读比赛后，我没有就此合上书本一样。

作者简介

许言，外国语学院2014级翻译专业本科生，上海大学外国语学院2018级英语笔译专业硕士研究生，悬疑小说作家和儿童小说家。曾获2015年和2016年“外研社杯”全国英语阅读大赛省级一等奖。翻译并出版多部推理悬疑、科幻小说及艺术绘本。

商战沙盘之道，决策弹指之间

向　军

收到征稿邀请时，我正处于论文撰写的瓶颈期，加之与文字打交道实在不是我的强项，婉拒的想法愈发强烈。然而，思索之际，我的脑海中忽而浮现出许多关于企业模拟经营竞赛的场景，这些画面如走马灯般闪过，将我带回了那些充满挑战与成长的日子。回首本科四年，三年的比赛经历无疑早已成为这段旅程的重要锚点，它串联起无数难忘的记忆，我脱口而出的很多校园回忆都能与之找到联系，于是便又应承下来。

荣誉证书

湘潭大学

贲凯骏、向军、黄颖、李海荣同学：

在第六届湖南省大学生工程训练综合能力竞赛中荣获企业运营仿真赛项

一等奖

指导老师：文艺、匡茂华

湖南省教育厅

二〇二一年四月

图 1　获奖证书

我曾有幸代表商学院参加过三次企业模拟经营竞赛，包括两次“新道杯”大学生企业经营沙盘模拟竞赛（ERP）和一次企业运营仿真竞赛（EOVS）。尽管赛事名称有别，但核心任务均是模拟经营制造企业从采购到生产再到销售的整个过程。对于商学院学子而言，这不仅是将书本和课堂幻灯片上的抽象知识具象化的绝好机会，更是锻炼创新思维的实战平台，使我们能够在模拟世界中应用所学，加深对商业运作的理解。于我而言，“以赛促学”与“以赛促创”，正是这三年企业模拟经营竞赛带给我的最大收获。

以赛促学，纸上得来终觉浅。相较于高中紧凑的学习节奏，大学阶段的学习氛围更加宽松，但理论也更为深奥。即便老师在课堂上努力将复杂的商业运作简化为易于理解的概念，我却时常陷入“知其然不知其所以然”的困境。企业模拟经营竞赛以沙盘教具为载体，通过模拟企业主要职能部门和运营规划，包括产品研发、生产组织、财务核算等，将企业运营所处环境抽象为一系列规则，从而提供一个高度仿真的商业环境。在这里，课堂上的理论不再是幻灯片或书本中的冰冷文字，而是需要亲身实践的生存法则——任何浮于表面的理解，都将在市场的激烈竞争中被无情淘汰。特别值得一提的是，企业模拟经营竞赛并非单一知识点的简单检验，而是对综合知识运用能力的全方位考验，每一次操盘——从原料采购、员工招聘、生产线建设到广告投放等——都需要参赛者深度剖析企业运营过程中产、供、销等环节产生的数据，从而作出相对稳健、扛得住市场风险的运营决策。

以赛促创，躬行方能见真章。正如现实市场环境的复杂多变，企业模拟经营竞赛通过多样化的参数设置，有效增强了比赛的多变性和挑战性。受比赛规则、参赛队伍数量及市场定位等多重因素影响，参赛者需要不断调整思维模式和决策方法，在高压下迅速作出决策，以适应瞬息万变的竞争态势。这种高度仿真的商业环境不仅考验参赛者的应变能力，还激励参赛者突破传统思维框架，探索新的商业策略，进而激发创新思维。与此同时，企业模拟经营竞赛还极大锻炼了我的团队合作能力。为提高团队的整体竞赛水平与成员之间的默契配合度，并应对正式比赛中可能出现的突发状况，我们团队常常细分为多个小分队，队员既各司其职，又积极参与跨职能协作。在这种合作模式下，不同专业背景的成员之间可以相互学习、共同进步，促进知识的共享和创新思维的碰撞，从而提升整个团队的综合实力和竞争力。

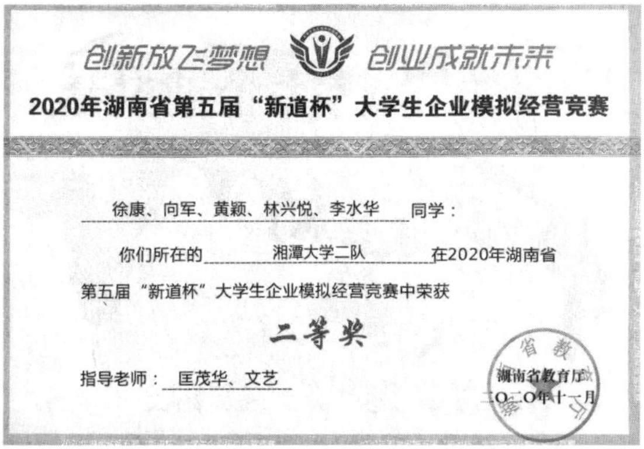
创新放飞梦想 创业成就未来

2020年湖南省第五届“新道杯”大学生企业模拟经营竞赛

徐康、向军、黄颖、林兴悦、李水华 同学：

你们所在的 湘潭大学二队 在2020年湖南省第五届“新道杯”大学生企业模拟经营竞赛中荣获

二等奖

指导老师： 匡茂华、文艺

湖南省教育厅

二〇二〇年十一月

图2 获奖证书

站在研三这个重要的时间节点，我无比庆幸自己曾有过这段长达三年的热爱与坚守。在这段充满惊喜和汗水的旅程中，我结识了很多朋友，更感谢带队老师文艺老师和匡茂华老师一路的悉心指导与全力支持。宇宙浩瀚，我的认知与阅历浅薄，在“远赴人间万千遐想”的征途里，我将继续保持谦逊和敬畏之心，不断学习和探索。

作者简介

向军，商学院2018级工商管理专业本科生，考入扬州大学攻读研究生。曾获湘潭大学甲等奖学金等荣誉；湖南省“新道杯”第四届大学生企业模拟经营竞赛二等奖、湖南省“新道杯”第五届大学生企业模拟经营竞赛二等奖、第六届湖南省大学生工程训练综合能力竞赛企业运营仿真赛项一等奖等奖项。

以赛促学，携手企业共成长

吴茹婕

在参与竞赛的这段时光里，我收获了满满的知识、宝贵的经验以及真挚的情谊。我们的“专业搪赢队”由电子商务、国际贸易和人工智能三个专业的五位同学组成。凭借对知识的渴望和对创新的热情，在刘湘蓉老师的指导下，我们参加了第十四届全国大学生电子商务“创新、创意及创业”挑战赛，并与 Dana 公司携手，共同探索跨境电商的新领域。在团队成员、Dana 公司和指导老师的共同努力下，我们成功在全国总决赛 [跨境电商——亚马逊比赛] 中获得了一等奖。

三创赛
获奖证书
AWARD CERTIFICATE
专业搪赢队:
贵团队的作品荣获第十四届全国大学生电子商务“创新、创意及创业”挑战赛全国总决赛[跨境电商——亚马逊比赛]
一等奖
特发此证，以资鼓励。
团队组长：吴茹婕 湘潭大学
参赛队员：夏鑫利 湘潭大学
叶芊芊 湘潭大学
陈思怡 湘潭大学
姜雅宁 湘潭大学
指导老师：刘湘蓉 湘潭大学
全国大学生电子商务“创新、创意及创业”挑战赛竞赛组织委员会

图 1　获奖证书

在与Dana公司合作的过程中，团队深度参与多个重要环节。首先，我们系统参与了Dana公司精心组织的理论与技术培训。培训将书本中的抽象知识转化为鲜活生动的实践场景，不仅让我们掌握了扎实的专业技能，更拓宽了我们的行业视野。同时，我们积极探索产品直播这一新兴的销售方式，通过实践感受到了直播销售的潜力。这些宝贵经验都是在课堂上学不到的。此外，团队成员认真完成了赛前学习并顺利通过考试。这不仅为后续比赛打下了坚实的基础，也让我们在团队合作中更加默契。

合作期间，团队成员充分发挥专业优势：人工智能专业的同学负责产品竞争力分析、AI产品介绍等工作；国际贸易专业的同学负责标题撰写、详情页与海报设计等工作；作为电子商务专业的学生，我则主要参与热销品分析、关键词筛选和宣传视频的制作。我们共同努力，帮助Dana公司完成产品上架、社交媒体引流等一系列工作，为新产品推向市场提供了有力支持。在实际工作中，我们深刻体会到跨学科知识融合的重要性：无论是热销品分析、关键词筛选，还是产品竞争力分析，都需要运用专业知识深度挖掘数据价值，为产品上架制定精准策略；在撰写标题、页面设计和视觉呈现环节，我们将电子商务营销理念与美学设计相结合，力求让产品在众多竞品中脱颖而出；产品上架后，利用AI产品介绍、视频宣传和社交媒体运营，多管齐下增加企业品牌曝光度。我们实实在在地看到了产品销量逐步增长，这种成就感是无法用言语来形容的。

这次合作让我深刻理解了“以赛促教、以赛促学、以赛促创”的内涵。这次比赛不仅为我们提供了理论联系实际的平台，更使我们在团队合作中锻炼了解决问题的能力。在与Dana公司的合作中，我们遇到了许多挑战和困难，但正是这些挑战和困难让我们不断成长和进步。

备赛过程中，我深刻体会到团队合作的重要性——只有发挥成员各自的优势，相互配合，才能挖掘出团队的最大潜力。同时，我更加意识到持续学习的必要性。在这个日新月异的时代，只有不断学习新知识、新技能，才能跟上时代的步伐，确保不被淘汰。

图 2　团队合影

回顾这次实战经历，我收获颇丰，不仅学到了许多新知识、新技能，还结交了一群志同道合的朋友。更重要的是，我深刻体会到了团队合作、持续学习和创新的重要意义。这些宝贵经验将伴随我走过未来的学习和职业生涯，成为我不断前进的动力源泉。

作者简介

吴茹婕，商学院 2021 级电子商务专业本科生。曾获第十四届全国大学生电子商务“创新、创意及创业”挑战赛全国总决赛 [跨境电商——亚马逊比赛] 一等奖等奖项。

致纯真年代

陆嘉威

2024年12月初，侯老师发来信息约稿，问我能否分享一点以前比赛的心得。当下只是隐约觉得“年代久远”，等静下心来仔细一想，才发现本科入学已经是十年前的事了。原先对时间的感性认知，现在通过量化变得清晰具体，不由得感叹，往后再唱陈奕迅的《十年》，不必担心被调侃“为赋新词强说愁”了。

虽然希望能在回忆的加成下文思泉涌，但很遗憾，那种时间洗礼后的“往事如昨，欲说还休”，或许只存在于文艺电影的镜头和诗人的笔下。对大多数普通人而言，十年只意味着记忆里的细节愈发模糊。所幸，还有一些“珍珠”留下，我此刻要做的便是将这些珠子串在一起。

关于写作内容，我思考了很久。作为比赛心得分享，自然是要和比赛挂钩的，但我又不想仅止于比赛，也想写一些日常专业学习的内容。主要有两点原因：首先，确实“年代久远”，很多当时的细节已经记不清了。如果仅写备赛的内容，抛开枯燥暂且不谈，实际参考价值也比较有限。一方面，当下参赛的同学必定能获得更专业、更有针对性的指导，十年前的经验纵然有可取之处，可能也有一部分已经过时了；另一方面，喜爱或关注英语、翻译专业的群体远不止参赛者，我更愿意写一个翻译专业学生的亲身经历和感受，或许能引发更广泛的共鸣。其次，比赛与专业学习本来就不是割裂的——课堂上学到的公共演讲技巧，是演讲比赛的重要内容；日常的听辨练习，也都是在为口译比赛打基础。在我看来，比赛从来都是促进专业学习的手段，而非最终目标。

基于以上原因，我将真诚地分享自己的所思所感。文中会有个别与比赛“强相关”的内容，但更多的，是对专业学习的回忆和对“纯真年代”的怀念。

“Welcome to American Cafe”

高考结束，我误打误撞地进入了翻译专业，哪怕填志愿时并不太确定要“翻译”的是什么语言。当然，谜底很快揭晓——英语翻译。多年以后，我真的成为一名职业翻译，每当和别人说到自己的工作，对方总会追问“翻译哪种语言”，听到我的回答是英语后，又总会长长地“噢”一声，神情若有所思，甚至有人紧接着询问：“那你的二外是什么？”或许在大部分人看来，英语翻译没有小语种翻译“高大上”（尽管事实并非如此），但当时的选择，我至今都没有后悔。或许因为从小学就开始接触英语，在许多国人看来，这门语言似乎褪去了神秘色彩，人人都能说上几句。但“会英语”与“英语好”、“英语好”与“会翻译”之间，有着巨大的差别，这一点在我大一入学后不久就感受到了。

从小学到高中，我的英语成绩一直不错，但把英语作为一门专业来学习，显然又是另外一回事了。刚入学，翻译与英语专业的学生便接受了密集的纠音训练。老师带着我们从元音到辅音、从语调到节奏逐一纠正。每次上课，我的眼前都会不时浮现出电影《窈窕淑女》（*My Fair Lady*）里希金斯教授指导伊莱莎反复练习音节的画面，耳边响起“the rain in Spain stays mainly in the plain”。不知当时的老师，是否也像希金斯教授一样绝望呢？不可否认，语音训练虽然痛苦，但很有必要，好的语音面貌是英专生最好的名片。

大一另一件让人印象深刻的事，是侯老师让我们听《美语咖啡屋》和《流行美语》。二者都是 VOA 旗下的英语学习播客，主打短小精悍、轻松幽默，不仅会传授地道的美式俚语，还会展现美国文化，很适合习惯了高考英语听力单一模式的我们。记得老师预告期末考试会检验我们的学习成果（事实证明的确考了不少），一时间，大家都“如临大敌”。有的同学甚至把播客的文稿专门打印出来，订成厚厚的两本，每天从北苑背到兴湘，可见是真的很担心考不出来了。我个人更喜欢《美语咖啡屋》，或许是因为喜欢它的背景音乐和随之而来的“Welcome to American Cafe”，让人仿佛置身咖啡馆，听两个老友闲话家常；又或许是因为它的内容更贴近生活，真实还原美国人之间的日常对话，话题多元，既有苏格兰风笛这样带有浓厚文化气息的主题，也有两性平权之类具有社会意义的议题的探讨。

记得有一节讲的是“Charlie Brown’s Christmas Tree”。听到这段的时候，我正在外语楼的某间教室自习。当时正是冬天，期末考试将近，同学们都在紧张地复习，耳边不时响起水笔划过纸面的沙沙声。但点开播客的刹那，我仿佛进入了另一个世界，在壁炉旁守着瘦巴巴的圣诞树，心满意足地啜饮热巧克力，连油漆脱落的味道闻起来都像是松木的清香，真切觉得“Christmas is all around me”。

类似的瞬间还有很多。时至今日，生活中的许多场景，都会不经意让我想起从前学习的点滴，倍感亲切。例如，当我用“run in my blood”时，会不自觉想起侯老师让我们学唱的“Royals”；参加婚礼见证新人宣誓时，很难不想到“Viva La Vida”里面的歌词“Be my mirror, my sword and shield”；前两天在一篇文章里读到“sizzle”这个词，记忆瞬间闪回到本科课堂第一次遇见它时的场景，当时觉得这个词很妙，仿佛能让人听到炭火噼啪作响，架子上的烤串带着油脂的香气滋滋冒泡，这种感受直到今天依然觉得十分鲜活。我想，这些都是专属于英专生的小确幸吧。

“Red Red Rose”

我应该是从大二开始正式接触翻译的。用老师的话说，大一主要是夯实基础、培养对英语的审美感知，到了大二才开始循序渐进学习翻译。的确，翻译不过是语言运用的一种形式，倘若语言根基不牢，就如同金庸小说里的习武人士，空有花拳绣腿却无深厚内力，大概是只能当炮灰的。

侯老师在第一节课上，为我们分享了余光中、杨绛、白先勇等名家关于翻译的感悟文章。课后，我认真研读每一个字，感触颇多。透过这些朴实的语言，我强烈地感受到他们对翻译事业的热爱，也深深折服于他们满腹经纶背后的谦卑与平静。所谓“静水流深”，他们的文字便会给人这样的感受。每一篇心得我都反复品读，每一次都会有新的感受。

在《翻译苦，翻译乐》一文里，白先勇先生写道：“翻译文学作品我觉得准确地掌握语调（tone）是第一件要事，语调语气不对，译文容易荒腔走板，原著的韵味，丧失殆尽。”初读时，我只觉得这话写得很好，随即想到老师讲过的译者“隐形原则”——好的译者应尽量减少自身的存在感（自身的文风、遣词造句的习惯等），从而最大限度地实现作者和读者之间的“直接”交流，而达成这一目标的关键，就是忠实、准确地传达原文语调。

当时，我对这段话的理解更多停留在笔译层面，如今愈发觉得口译也是如此。口译中，要将信息准确、完整地传达出来已属不易，若想再现原文细微的语调变化，更是难上加难。译员处理信息的时间十分有限，如果说交替传译还有一点腾挪转圜的余地，那么同声传译则是分秒必争。有时灵光乍现，找到一个贴切的词，能很好地传达讲者的语气，内心便不禁窃喜；可更多时候，只能退而求其次，虽不影响整体意思的传达，却总觉得意犹未尽，也因此对先生描述的掌握语调之艰难感同身受。

上写作课时，为了说明用词的重要性，老师引用了马克·吐温的一段话：“The difference between the almost right word and the right word is really a large matter—it’s the difference between the lightning bug and the lightning.”这一观点在口译中同样适用，一个准确的词和一个大抵准确的词，二者的差别不啻闪电和流萤。所幸相比笔译工作者，口译员天然地拥有额外的传情达意的手段，那就是自身的语音语调变化。很多时候，恰到好处的抑扬顿挫，胜过万语千言；

反之，如果一个句子的重音放错了，就可能会让听众摸不着头脑。在研究生课堂上，外教老师也多次强调语调节奏和句子重音的重要性。在讲到中英文差异时，人们常会提到“意合”与“形合”、“葡萄型”与“竹节型”语言的特点，在我看来，语调节奏的不同同样值得关注。大家做日常听力练习的时候，可以多关注母语者的语调、重音变化。如果有条件，也可以录一段自己平时的英语表达，请母语者帮忙指出违和之处，这样练习会很有帮助。

以上写的主要是翻译不易，但翻译的乐趣同样不少。例如，在同一篇文章中，白先勇先生写到自己翻译《游园惊梦》中月月红的名字时犯了难，如何找到一个贴切的花名，同时又能最大程度地保留重叠词的效果？在咨询主编高先生之后，最终的译名定为Red-red rose。凡是对英美文学略有了解的人，看到这个名字，都会第一时间想到英国诗人罗伯特·彭斯的名句“my love is like a red red rose”。如此翻译，既很好地传达了原文的意义，表现了头韵的效果，又为这个名字赋予了相当的文化内涵，于是这个例子也顺理成章地成了我上学时印象最深刻的妙译之一。

这样的例子在平时的课堂上比比皆是。有些译文乍看与原文毫无关联，但置于特定语境下又无比贴切。后来接触到法国释意学派的理论，才知道这叫“脱壳”（deverbalization）。记得有一次，老师临时起意，让我们翻译“XX土鳖”。在语境中，这原是讲者的自嘲，大意是说自己长期待在小地方，没见过什么世面。当时大家对翻译的理解还很粗浅，英语基础薄弱，抓耳挠腮，苦思冥想，半天也想不出一个可以用的翻译。后来，老师给出参考译文“born and raised in a small town”，顿觉豁然开朗。寥寥数语，没有任何花哨用词，都是初中词汇，却很好地“降服”了这只乍一看甚是可怕的“拦路虎”，靠的就是对原文意思的准确把握，这也为我日后的翻译提供了正确的方向。译员不能仅停留在文字表面，而要积极地去理解讲者想要传达的意思，最终传递的总是意义，甚至是一种整体的精神风貌，而非文字本身。

此外，翻译还要注意中西方的文化差异。例如，同样是“西风”（west wind），中国人和英国人联想到的意象就可能截然不同。中国人想到的是从西伯利亚高原吹来的干冷大陆风，是“碧云天，黄叶地，西风紧，北雁南飞”；英国人想到的却可能是从大西洋上吹来的温暖湿润的海风，是雪莱的《西风颂》（*Ode to the West Wind*），预示着春天的到来。当然，大多数情况下把“西风”翻译成“west wind”没有任何问题，只是了解这层文化差异后，翻译时就可以多留个心眼，如有必要，甚至可以加“chilly”之类的限定词。

又如，有一次老师让我们翻译“画蛇添足”，直译不失为一个好的选项，但英文母语者不一定能迅速理解，可能需要再次解释，沟通效率不高。此时如果知道“paint the lily”这一表达，就可以在短时间内准确地传情达意。如果再做一点功课，顺着“paint the lily”一路追根溯源，就会发现这一短语最早出现在莎士比亚的作品当中，原文中还出现了一长串其他的表达，如“gild refined gold”“throw a perfume on violet”“smooth the ice”“add another hue to the rainbow”。这种顺藤摸瓜的成就感，不亚于食堂阿姨手抖多给了块肉。

“Out of the Ivory Tower”

我从大二开始陆续参加英语类比赛，有演讲，有辩论，也有口译。如开头所述，很多比赛细节已经记不清了。从知识积累和技能训练层面来看，备赛的内容大抵与平时的学习一般无二，诸多心得在前文中有提及，在此不一一赘述。如今回过头来评价这段参赛经历，我认为其最大的意义在于为阶段性学习注入了动力和压力，倒逼我的专业学习；同时，也让我见到了外面的广阔世界，见天地而知不足。我努力回忆了几件印象深刻的事，与大家分享。

某一年暑假，为了准备比赛，大部分时间我都留在学校。那段日子里，我每天都会去外语楼对面的超市买一大桶水，吭哧吭哧地扛到教室，一坐就是一天。虽然不能说全程都在认真学习，聊天、玩乐的时间也不少，但考虑到当时还是暑假，我对自己也没有太高的要求。一起留校备赛的还有另一个学姐，我们每天上午都会一起练主旨口译，这也是海峡两岸口译大赛的第一个环节。如今看来，比赛的设置十分合理。那时我刚接触交传笔记法，把大量的精力都放在这一项新增任务上，但总是不得要领，心中甚是沮丧。后来才明白，真正的问题并不是笔记符号不熟练，而是听辨能力薄弱、英语底子不扎实。巧妇难为无米之炊，根基不稳，遇到笔记这一点“小小微风”，更是地动山摇。主旨口译 / 复述练习可以很好地帮助译员聚焦听辨本身。经过一个暑假的练习，我的带笔记交传能力显著提升。读研的第一个学期，老师只让我们做无笔记交传，这也从侧面印证了当时的训练还是很科学的。

除了技能上实打实的提升，比赛也逼着我拓宽知识储备。有次演讲比赛，命题主题是“中国制造（Made in China）”。撰写演讲稿时，我只觉得脑内空空，一心想要求新，但肚子里的墨水又不足以支撑我提出新颖的论点，只好埋头在语言上下功夫。当时刚好在写作课上学了圆周句（periodic sentence），于是迫不及待地写了几句，结果写出的稿子过于厚重，匠气太重。其实写作和演奏乐器一样，讲究长短结合，既要“大弦嘈嘈”，也要“小弦切切”，如此错杂往复，方能“大珠小珠落玉盘”，只是当时的我只顾着“学以致用”，反而弄巧成拙。当然，语言的问题还是其次，最大的困境在于腹内空空，没有内容。我写了好几版稿子请教侯老师，都没有通过。最终在老师的启发下，我尝试从知识产权的角度切入，并结合屠呦呦获得诺贝尔奖引发的争议作为引子，在当时算是比较新颖的视角。这次经历让我深刻意识到自身知识储备的不足。

有一些比赛还教会我辩证思考问题。英语辩论赛是一个很好的锻炼批判性思维的平台，不过我此刻想起的，却是一次演讲比赛的校内选拔赛。当时，命题演讲主题是“Out of the Ivory Tower”，比赛时具体讲了什么我早已忘了，大概是一些不痛不痒的空洞口号和无人在意的个人经历。整场比赛让我印象最为深刻的是结束时老师的点评。他指出，全场同学都在呐喊着要走出象牙塔，痛斥象牙塔脱离实际，却没有人思考象牙塔本身的美丽。这番话无异于当头棒喝。如今回想，当时的场景可能确实有些滑稽，一群稚气未脱的学生，在讲台上以长者的口吻谈论如何走出学校，拥抱社会，殊不知自己正处于最需要象牙塔保护的年纪，更不会料到多年后的自己会怎样怀念那座象牙塔。其实，走出象牙塔本身无可厚非，但或许更深刻的立意是：知象牙塔之美，更见天地广阔。我想，这也是比赛的一大意义。

图 1　2023 年 3 月在世界通信大会会议交流场外

写下这些文字的时候，我正坐在深圳的公寓里，夜幕降临，华灯初上。12 月过半，圣诞也不过还有一周半的时间，这座城市似乎终于下定了决心入冬，气温在几轮反复后开始回落，人们也终于脱下短袖，穿上毛衣。恍惚间，我仿佛又回到了多年前的那个午后，坐在外语楼的教室里，耳机里放着《美语咖啡屋》，鼻间好像嗅到了节日的气息。思绪又不由得飘到之前去巴塞罗那出差，那天刚做完口译，走出酒店，眼前是一片蔚蓝的大海，海上船只停泊，伴着海浪上下起伏，忽然想起课堂上曾背过的“千帆过境，百舸争流”（ships of all sizes…），多年前的记忆与现实竟有了奇妙的交叠。那些美好的日子恍然如昨，只是一转身，轻舟已过万重山。

作者简介

陆嘉威，外国语学院2013级翻译专业本科生，保送至上海外国语大学高级翻译学院英语口译专业攻读研究生，现就职于华为总部口译团队。曾获国家奖学金、湖南省优秀毕业生等荣誉；中国日报社“21世纪杯”全国英语演讲比赛一等奖、第五届全国英语口译大赛二等奖、第六届海峡两岸口译大赛二等奖等奖项。通过英语专业八级、CATTI英语一级口译考试。

电子信息类

人工智能的发展使生产自动化、智能化和高速化，大幅提升生产效率和生产力水平，促进经济发展，被认为是推动科技进步和实现人类世界各领域进步的关键技术之一。电子信息类学科竞赛是大学生参与人工智能技术的重要实践途径，它涉及诸多领域，如电路设计、嵌入式系统、网络安全等，要求选手具备扎实的专业知识和综合能力。参加学科竞赛可以促进学生系统性学习和深入掌握专业知识，提高实践技能和综合运用知识的能力，培养学生的团队合作与创新精神。

湘潭大学利用科研资源优势，先后成立了 TI 实验室、导航定位创新实验室、智能汽车实验室、物联网创新实验室、机器人创新实验室、电工电子创新实验室等学生创新平台，旨在培养学生的创新意识和终身学习能力。2020 年至 2024 年，共有 7851 人次参与各级各类电子信息类学科竞赛，共获得省级以上奖励 1886 项，其中国家级特等奖 4 项，一等奖 66 项，二等奖 169 项，三等奖 198 项；省级特等奖 4 项，一等奖 348 项。

纸上得来终觉浅，工程竞赛求创新

廖湘东　周惠柔

“西门子杯”中国智能制造挑战赛由教育部国际合作与交流司指导，由中国仿真学会和西门子（中国）有限公司联合主办。自 2006 年发展至今，已成为中国智能制造领域规模最大、规格最高的国家竞赛，并进入全国普通高校学科竞赛排行榜。大赛以企业真实的工程项目和科研项目作为竞赛赛题，以真实的工业设备和工业环境作为赛场，以工业企业的工程标准作为考核评分指标，全面锻炼学生解决复杂工程问题的综合能力、系统思维。

图 1　获奖证书

2023 年第十七届“西门子杯”中国智能制造挑战赛吸引了全国 699 所高校、7180 支队伍、超 25000 名师生参赛，进行创新类和工程类共计 9 个赛项的激烈角逐。我们参加的是工程类“离散行业自动化方向（逻辑算法）”赛道，利用西门子 S7-1200 PLC 设备对一套 6 部 10 层电梯进行控制，以电梯的综合运行效率和方案设计能力为评分标准。

团队合作，提出设计总思路。4 月初，在张莹老师的组织下，我们开始了赛事准备，通过视频课程初步掌握了电梯运行的基本逻辑，开始编写单部电梯的运行程序。期末考试结束后，我们开始了多部电梯的代码编写，全体参赛队员每天在实验室中编写代码以及调试程序，张老师也每天过来帮助我们解决问题。经过不断尝试，我们提出将 C 语言函数思想运用到比赛中，将每个单部电梯进行“封装”组成多部电梯系统，使整个算法系统更加简洁，通过不断地“跑分”测试，解决了运行过程中的许多问题。

表现优异，挺进全国总决赛。7 月 17 日，初赛在长沙民政职业技术学院举行。第一天是用所写程序进行载客量“跑分”，我们的成绩并不占优；第二天是按现场给定要求重新设计代码，因为程序设计整体架构较好，解决问题速度较快，我们拿到了满分的成绩，获得华中二赛区的特等奖进入全国总决赛。

持续改进，反复测试与优化。接下来的一个月，我们根据初赛中存在的问题进行了总结与修改，每天从上午 8 点到晚上 11 点在实验室不断测试程序和优化代码。由于电梯的运动具有惯性，想要精准地停靠在某一个楼层，必须把握好制动的程度与时间，保证电梯停止时底部与楼层地面保持相同高度，满足乘梯的安全性与舒适性。但电梯的种类又分为客梯和货梯、高速和低速，载重量各有不同，制动的措施也需要有相应的变化。我们花了较长时间解决了电梯的停靠问题，随后开始对电梯的调度算法进行优化。通过对电梯到目标楼层的距离、时间、载重余量、电梯异常情况等指标综合判断，对各电梯的响应能力进行计算，分配适合的电梯响应请求，提出在载重余量达到一定数值时，算法根据乘客的体重均值自动降低电梯的响应能力，有效提高了电梯的运输效率。

坚持到底，拿下全国特等奖。8月11日，我们前往兰州理工大学参加决赛。根据初赛经验，我们将训练设备不远千里搬到比赛地点，方便随时进行代码验证。决赛第一天考察候梯人员的运输效率；第二天的考查题目在第一天比完后给出，要求选手一天内完成相应的功能设计；第三天现场考察快速搭建应用工程的能力。比赛一环接一环，那几天除了吃饭，我们就是修改和测试代码。前两天的成绩都排在前10名左右，凭借扎实的基础，第三天比赛获得满分。晚上8点收到组委会通知，第二天上午8点参加总决赛答辩。惊喜之余，我们马上开始准备答辩时用的工程文档和PPT，张老师修改完文档，又指导我们制作PPT到凌晨五点半，从整体结构到技术细节至少大改了5次。早上8点，我们睡意朦胧地赶到赛场提交答辩文档，抽取答辩顺序。利用等待时间，我们进行了多次试讲，不断调整语速、突出重点和卡准时间，认真准备专家可能提出的各种问题。功夫不负苦心人，我们配合默契，较好地回答了评委提出的所有问题，最终获得全国总决赛特等奖。

图2　指导老师和参赛队伍合影

这次比赛对我们既是一次挑战，更是一次飞跃。荣誉不仅是对我们努力的肯定，更是学校与老师辛勤培养的结果。作为湘潭大学的学生，感谢学校提供优越的学习环境和丰富的学术资源，感谢自动化专业老师们的精心培养。

希望学弟学妹们在学好专业课的同时，多参加专业相关的比赛，拓展思维和提高分析问题、解决问题的能力，提升团队合作和自主创新能力。我们将牢记“博学笃行，盛德日新”的湘大校训，在新的学校开始研究生学习，脚踏实地，勇往直前，不断提升综合素质，以更加优异的成绩来回报老师们的期望。

作者简介

廖湘东，自动化与电子信息学院2020级自动化专业本科生，保送至湖南大学攻读研究生。曾获湘潭大学三好学生、优秀学生干部、优秀共青团员，湘潭市级优秀毕业生等荣誉；第十七届“西门子杯”中国智能制造挑战赛特等奖、第十四届蓝桥杯全国软件和信息技术专业人才大赛二等奖、2022年“高教社杯”全国大学生数学建模竞赛省级一等奖、美国大学生数学建模竞赛（MCM/ICM）国际二等奖等奖项。

周惠柔，自动化与电子信息学院2020级自动化专业本科生，保送至华南理工大学攻读研究生。曾获湘潭大学甲等奖学金等荣誉；第十七届“西门子杯”中国智能制造挑战赛特等奖、2022年“高教社杯”全国大学生数学建模比赛省级一等奖、美国大学生数学建模竞赛（MCM/ICM）国际二等奖、2023年全国大学生英语竞赛三等奖等奖项。

知不足而奋进，望远山而前行

涂腾辉

在大学这段充满探索与挑战的旅程中，“知不足而奋进，望远山而前行”不仅是一句激励人心的座右铭，更深刻地烙印在我个人成长的轨迹上。这段经历，如同一段曲折但又精彩的旅程，让我在自我认知、学术追求、人际交往以及未来规划上都有了深刻的体会和显著的进步。

知不足，是智慧的开始。在人生的道路上，面对困境时，我们不应沉溺于自责和沮丧，而应勇敢地正视自己的不足。只有敢于面对自己的缺陷，才能找到改进的方向，才能不断成长和进步。刚踏入大学校门时，我怀揣着对知识的无限渴望和对新生活的美好憧憬，周围的一切都是那么新鲜又陌生，但大学的学习方式和知识体系远比高中更加复杂和深入，来自五湖四海的同学让我既兴奋又感到一丝压力。第一次专业课的作业就让我意识到自己的知识储备和学习能力存在明显不足，面对这种困境，我将其视为成长的契机，制定详细的学习计划，改变学习方式，主动向老师请教，和同学们讨论难题。

奋进，是成功的阶梯。“知不足”只是开始，真正的关键在于我们是否能够付诸行动，去改变现状，去追求卓越。奋进意味着不畏艰难，不怕失败，始终保持积极向上的心态。只有通过不懈的努力和奋斗，我们才能够克服自身的不足，实现自己的目标。正如鲁迅所言：“世上本没有路，走的人多了，也便成了路。”我们应该勇敢地迈出每一步，不断探索和尝试，为自己的人生开辟出一条新的道路。由于高考发挥失利，我没有进入理想的专业。但我并不打算安于现状，于是在大一期间，我认真学好每一门课程，努力提高自己的成绩，争取到了转专业的机会。为了应对转专业的编程考试，我在学好课程的同时自学了编程，最后成功转到了心仪的专业。

望远山，是梦想的指引。人生如同一场旅行，我们需要有一个明确的目标和方向，才能避免迷失在茫茫人海中。望远山，就是要时刻保持对远方的向往和追求。只有当我们心中有了一个远大的梦想，才能激发出无尽的动力和勇气，去迎接未来的挑战。“志不立，天下无可成之事。”我们要树立远大的目标，为之努力奋斗，直至实现。进入新的学院和专业后，我有幸加入了学院的TI创新实验室，深受实验室学长学姐的鼓舞，第一次了解到“保研”这个词，于是我的心中也萌发出保研的念头。学长学姐可以成功，自己也未尝不可一试。这份梦想不仅给予我无尽的动力，也让我在科研竞赛的征途中勇往直前，不断突破自我极限。

图1　团队合影

前行，是勇气的体现。追求梦想的道路并非坦途，但正是这些挑战与磨砺，铸就了我们坚韧不拔的意志，让我们更加坚定自己的信念和决心。前行意味着不畏艰难，不惧风险，始终保持一颗勇往直前的心。只有不断前行，我们才能够跨越重重障碍，到达心中的远方。为了实现保研梦，在提升学业成绩的同时，我利用课余时间积极参加各类学科竞赛。在加入学院的TI创新实验室后，我参与了实验室老师的各类项目研究，跟着老师参加竞赛、发表专利。有时候忙到凌晨两三点，第二天又要早起上课。在准备各类竞赛与科研项目的过程中，我经历了无数个不眠之夜。印象最深刻的是全国大学生物联网设计竞赛，团队成员和指导老师在这个比赛上花费了大量的精力。从项目选题、说明书的撰写到项目打磨、作品调试、实物演示，每个成员都倾尽了所有。为了使作品更有竞争力，我们不断优化和完善作品，指导老师也为我们提出了许多宝贵的意见。最后，作品通过省赛、国赛的层层筛选，获得全国一等奖及特别创新奖。这份荣誉是对我们辛勤付出的最好证明。

图 2 获奖证书

然而，并不是所有比赛都有回报，同时我的学习成绩也有所下降，所以曾困惑做这些事到底值不值得。大学是一个充满机遇和挑战的舞台，每个人都在为自己的梦想而努力。我逐渐意识到，过分关注未来，有时反而会让当下的努力变得模糊和无力。因此，我学会了将注意力集中在脚下的每一步，专注于眼前的学习任务、科研竞赛或是日常活动上。无论是准备一门竞赛，还是参与一项科研项目，我都全力以赴，享受每一个瞬间。尽管结果可能没有达到自己的预期，但是只要努力过，就不会因为自己没有尝试而感到后悔。

“知不足而奋进、望远山而前行”既是一种自我激励、自我完善的方式，也是一种影响他人、改变社会的力量。我一直坚信一句话，只要一直努力，最坏的结果也不过是大器晚成。今天即明天，当下即未来。要相信，走过的痕迹都会变成光点，当你回首时，只会是无数闪耀的星光。在这个充满挑战和机遇的时代，我们每个人都应该秉持这种人生态度，努力成为更好的自己。只有这样，我们才能创造出一个更加美好的未来。

转眼间，大学四年已过，一路走来，我也完成了自己入学时的目标。回首过去，我从等风袭来的被动状态逐渐蜕变为主动追风而去。万般经历，皆是成长。我感谢那个永远积极向上的自己，成就了我今天的模样。希望大家保持对梦想的初心和热情，永远对自己的潜力深信不疑，永远谦虚且上进，以坚定的信念和不懈的努力，去迎接每一个挑战，书写属于自己的人生新篇章。

作者简介

涂腾辉，自动化与电子信息学院2020级通信工程专业本科生，保送至中国科学院光电技术研究所攻读研究生。曾任湘潭大学自动化与电子信息学院本科生第二党支部支委。曾获2023年全国大学生物联网设计竞赛（华为杯）一等奖、第十届“大唐杯”全国大学生新一代信息通信技术大赛三等奖等奖项11项。主持省级大学生创新创业项目1项，发表专利4篇。

启航智能汽车竞赛：从好奇到实践的科技之旅

崔德朕

全国大学生智能汽车竞赛是一项集科技、实践与创新于一体的赛事，以自由选题、自主设计为核心，参赛队伍需要在规定的时间内完成一辆基于特定规则的智能汽车搭建。大一时，学院组织参观实验室，2020级的王惠东学长刚刚斩获全国大学生智能汽车竞赛越野组二等奖。那是我第一次听说智能汽车竞赛，觉得这个车很酷炫，有点“高科技”。心里隐隐有种声音：“这个专业来对了！”但同时也充满了疑虑：“自己能行吗？”后来，在冯顺鑫学长的鼓励下，我决定加入实验室，慢慢接触相关知识。从一开始连电路图都看不懂，到后来独立调试硬件，每一步都充满了挑战。

在此，我要特别感谢两个在大学期间给予我巨大帮助的人：冯顺鑫学长引领我踏入竞赛的世界，如黑夜中的明灯，照亮了我前行的道路；而赵闻铎学长则是我竞赛旅程中的指导者和伙伴，我深深怀念那些共同度过、并肩作战的夜晚。

大一下学期，我有幸接到赵闻铎学长的邀请，加入他的智能视觉团队担任硬件手。我感到既兴奋又紧张，一方面不想错失这个宝贵的机会，另一方面又担心自己无法胜任这项艰巨的任务。但压力也是前进的动力，我迎来了无数个通宵奋战的夜晚。通过网络论坛、文章和交流群的帮助，我迅速掌握了视觉团队所需的全套硬件技能。这段经历不仅帮助我跨越了硬件领域的门槛，更教会我自主学习相关知识，极大地增强了我的自信心。现在看来，这种能力的提升对我的整个大学生涯带来了深远的影响。

时间飞逝，转眼间到了7月。经过无数次方案调整，我们终于踏上了华南区赛场。比赛当天，紧张与兴奋交织，从设备调试到正式上赛道，每个环节我都全神贯注。上午因光线不佳，第一轮比赛未能完成，下午的第二轮比赛一直推迟到晚上7点才开始。由于赛前连续几日的高强度熬夜，我在中南大学体育馆外靠着垃圾桶睡着了，连保安大叔都关切地询问我的情况。幸运的是，我们顺利完成了第二轮比赛，看到我们的车辆顺利跑完全程，那种难以言喻的喜悦涌上心头。尽管最终只获得了二等奖，但所有的辛勤付出都是值得的。

图1　参赛作品

两年间，我参加了多场专业相关赛事，如全国大学生电子设计竞赛、全国大学生先进成图技术与产品信息建模创新大赛等，积累了不少参赛牌和奖状证书，唯独缺少A类赛事的国家一等奖。智能汽车竞赛组委会卓晴老师曾说："遗憾才是智能车的魅力。"我一直在努力弥补这个遗憾，想在大学四年做出一些成绩，让大学生活更有意义。在第十九届全国大学生智能汽车竞赛室外专项赛中，凭借团队的努力与积累，我们以全国第四名的成绩斩获国家一等奖。这份荣誉背后，是多次试错、不断改进和不懈坚持。从最初的硬件调试，到逐步优化整车算法，我们不断挑战自己，也在赛场中收获了许多。在此，感谢与我并肩努力的队友李杨、张子坤、李嘉豪、周钊。接下来，我还会继续踏上第二十届全国大学生智能汽车竞赛以及 2025 年 TI 杯全国大学生电子设计竞赛的赛场。

图 2　团队合影

在智能汽车竞赛的过程中，我总结了一些心得，希望能帮助学弟学妹们更快地掌握竞赛技术：

一是夯实基础。首先要掌握单片机的基本操作（如 GPIO、ADC、串口通信等）及控制算法（如 PID），这在调试车辆的稳定性时非常重要。其次要学习基础电路知识，了解常见传感器（如红外、光电、电磁）的工作原理，识别常用电子元件（如电容、电阻、二极管、三极管和 MOS 管）及其应用电路（如 RCD 吸收电路、三极管开关电路、运放电路、MOS 管防反接电路、H 桥和三相桥式电路等）。对于初学者来说，应避免区分所谓的软硬件方向，编程、焊接和看原理图是基本功。很多问题往往没有标准答案，因此应具有扎实的基础和广泛的知识面，这是解决复杂问题的关键。

二是实战积累。学习的同时必须动手实践。对于工科学生来说，实践是最快的学习路径。例如，制作简单的循迹小车，通过动手操作加深对理论的理解；又如，参考开源的PCB设计，包括原理图和器件布局，能够“抄”（复刻）一个板子出来，这比闷头苦学效率更高。现在回过头去看大一“抄”的那些板子，感受颇多：不仅能够一眼看出其中的不足，还能轻松解释其原理，甚至可以改进优化。这些“抄板”不是我的黑历史，而是我来时的路。建议大家积极参与实验室的小项目或课程设计，这些实践经验的积累会让你在竞赛中更得心应手。在互联网和大数据时代，各种资料触手可及——B站和微信公众号上就有许多实用资源。多浏览这些内容，平台算法会根据兴趣推送更多相关内容。这其实也是一种“正反馈”，曾经有段时间，我的B站首页全是此类视频，几乎看不到其他内容。

三是分模块学习。在初期阶段，可以专注于单个模块的学习，如单独调试电机驱动或者传感器采集。这种方法可以帮助快速掌握每个模块的功能和特点，降低整车调试时的复杂性。硬件模块先了解电机驱动、电源管理和传感器的工作原理，逐步完成从理论到实践的过渡。例如，通过调节PWM信号控制电机转速，观察不同参数对车辆运行的影响。软件模块学习基础单片机编程，掌握数据采集与处理的技巧。建议从简单的串口通信入手，逐步过渡到复杂的程序设计；调试阶段采用模块化测试方法逐步排查问题，每次只针对单一功能模块进行调试，确保在整合过程中快速定位并解决问题。

四是迎难而上。在比赛过程中，难免会遇到各种问题，如电机控制不稳定、路径识别精度不高、算法效率不足等。这些问题虽然可能令人感到沮丧，却恰恰是提升能力的关键契机。面对挑战时，不要害怕失败，而应勇于尝试不同的思路，主动查阅资料，虚心向他人请教。需要注意的是，千万不能闭门造车。竞赛为我们提供了与全国高校优秀队伍交流的平台，多与其他团队沟通探讨，往往会收获不一样的思路。

智能汽车竞赛绝非单打独斗的任务。这项竞赛的挑战有一半源自团队合作，团队成员需明确分工，在硬件开发、软件编程、软硬件协调和整车调试等方面各司其职。不同角色之间的合作，需要清晰的任务划分和高效的沟通机制。参赛期间，我深切地感受到沟通与协作的重要性。一场高效的讨论往往能够迅速解决长期困扰我们的问题，而积极的团队氛围是克服压力的关键。更可贵的是，通过协作，成员们能够发现彼此的长处，相互学习，相互促进，这种团队合作能力将成为职业发展的宝贵财富。

智能汽车竞赛远不只是一场比赛，更是一段成长的旅程。它教会我们如何面对困难，如何与他人合作，如何把理论应用到实践中。如果你对这项比赛感兴趣，不妨大胆尝试。这将成为一段你大学生涯中最值得珍藏的回忆。祝大家在智能汽车竞赛中取得好成绩！

作者简介

崔德朕，自动化与电子信息学院 2022 级自动化专业本科生，曾获湘潭大学甲等奖学金、京东奖学金等荣誉；第十九届全国大学生智能汽车竞赛室外无人驾驶自行车挑战赛一等奖、第十七届“高教杯”全国大学生先进成图技术与产品信息建模创新大赛一等奖、2023 年全国大学生电子设计竞赛（湖南赛区）二等奖等奖项。

竞赛之旅：学习、坚持与成长

王惠东

时光匆匆，回望三年参加智能汽车竞赛的往事，可谓历历在目。道路虽然崎岖，亦是心之所向。这是我大学生涯中最宝贵的经历，没有这段经历便没有现在的自己。

大一下学期，我加入了电工电子创新实验室。当时的我对未来十分迷茫，不清楚自己的目标是什么。在辅导员的推荐和实验室学长的介绍下，我了解到全国大学生智能汽车竞赛。当我第一次看到智能汽车以飞快的速度在赛道上奔驰时，我的心情非常震撼和激动，并下定决心要做一款属于自己的智能汽车。由于负责指导我们的学长要集中精力准备竞赛，难以平衡时间，于是我常去实验室帮学长干杂活，多听、多学、多问，初步了解了制作智能汽车的硬件知识，为后续参赛奠定了基础。在第十六届全国大学生智能汽车竞赛中，我虽然未能作为实验室主力队员参赛，但有幸陪同学长参加省赛，并现场观摩了整个比赛过程。当看到我校智能汽车队伍超越省内强校时，那种集体荣誉感油然而生，也更加坚定了我参加竞赛的决心。迎来第十七届比赛，我们的目标是进入全国总决赛。由于上一届实验室的代表队未能冲出华南赛区，这次作为主力队员的我倍感压力。为此，我不断学习借鉴优秀的技术报告和论文，改善电路方案，优化车模机械结构。但遗憾的是，在华南赛区赛中，我们以 1 秒的差距被挡在了国赛门外。准备了近半年时间，却以这样的结果收尾，我很不甘心。同时，我们的队伍也因队员的个人规划而解散。那时的我再次对大三生活感到迷茫，是继续参加智能汽车竞赛，弥补当初的遗憾，还是安安稳稳学好专业课，准备保研？直到听说另一组队员未能在全国总决赛获得一等奖，打算重整旗鼓继续参赛，于是我们一拍即合，组队备战下一届比赛。

图 1　团队合影

因为有了一定的参赛经验，在第十八届比赛的备赛过程中，我们有了更多的自信，也变得更加稳重。4 月确定了完善的方案，7 月顶着 38 度的烈日在第二田径场上调试小车。华南赛区赛比赛日前两周的关键时期，我们不断地踩点、发车、调整赛道、观察车模运行轨迹，皮肤也被晒得黝黑。第二田径场的门卫阿姨看见我们每天很早就过来调车，笑着说我们比在操场上训练的体育生还辛苦。备赛过程一切顺利，没有出现很难的技术问题。在后续的比赛中，当我们以为会顺利晋级全国总决赛时，现实又给了我当头一棒。

在预赛第一场比赛中，我们按照正常流程踩点、发车，但车模总是中途停摆，甚至有时会停在距离终点线 3 米的位置。我第一时间想到的是电机驱动问题，便立马更换了一块备用的驱动板，同时更换了车载电池，但还是没有解决问题，导致第一场比赛没有成绩。如果第二场依然没有成绩，那么我们将无缘决赛。当时我的心情跌落谷底，整个人耷拉着脸，因为队友的代码并未修改，在学校调试时也未出现问题，我很害怕会因为自己的问题而无法晋级。第二场比赛开始后，我们仔细回忆在学校调试时的场景，更换所有可能存在问题的硬件电路板，并降低行驶速度。通过不断的尝试，终于在最后 3 分钟完成比赛，获得较好的成绩并顺利晋级。赛后我们立即进行问题复现，发现是通信模块被人为遮挡，造成通信异常，车模进入急刹模式而停止。这也为我们后续参加全国总决赛解决了一个致命隐患。

2023 年 8 月 19 日，这一天对于我来说意义非凡。经过预赛的比拼，我们已经锁定全国一等奖，并成功晋级决赛进行前三名的角逐。如果能够取得全国前三，也将刷新我们实验室参加智能汽车竞赛以来的最好成绩。但临时公布的比赛规则给我们的算法带来了很大的考验，同时第一轮晋级后车模严重损毁难以修复，我们最终止步全国八强。虽然有一点遗憾，但能代表实验室和学校获得全国一等奖，也算对得起自己一路走来的艰辛与坎坷。这一天也是我的 20 岁生日，我对这份生日礼物很满意。对我来说，这是三年竞赛生涯的结束，也是全新旅途的开始。

图 2　获奖证书

回望过去，感谢向礼丹老师为我们提供智能汽车竞赛这个平台，让我们不断提升专业技能，从竞赛中学习、成长；感谢一路陪伴我的队友，你们的坚持与鼓励是我一路走来的动力源泉；同时，也感谢为了梦想而坚持努力的自己。

作者简介

王惠东，自动化与电子信息学院2020级自动化专业本科生，保送至湖南大学攻读研究生。曾获国家励志奖学金，湘潭大学三好学生、优秀团员等荣誉10余项；第十七届、十八届全国大学生智能汽车竞赛一等奖，2021年全国大学生电子设计竞赛（湖南赛区）二等奖，第十七届“西门子杯”中国智能制造挑战赛华中赛区二等奖等奖项10余项。

尽管走下去，不必逗留着

寻佳威

“别忘了自己想去的地方，别忘了答应自己的事。”这句话从高中起就一直激励着我，提醒我不忘初心，始终朝着自己的梦想前进。进入大学后，我不断夯实理论知识，积极参加各类学科竞赛，希望通过比赛丰富自己的见识，将专业之所学转化为成果，为祖国和社会作出贡献。

2023 年的暑假对我而言，是一段难忘的时光。即使现在回想起来，仍然记忆犹新。这是一个格外充实的暑假，喜悦、懊悔、疲惫充斥着我的生活。我连续参加了全国大学生电子设计竞赛、全国大学生嵌入式芯片与系统设计竞赛、全国大学生物联网设计竞赛等比赛，这些比赛的锤炼成为我大学生涯中最跌宕起伏却又无比珍贵的经历。

全国大学生电子设计竞赛是我参加的第一个比赛。当时的我急切想证明自己，铆足了干劲，渴望在比赛中取得成绩。比赛为期四天三晚，从第一天早上公布题目，到第四天晚上截止，我与两名队友几乎吃住都在一张桌子上，只有洗澡时轮流返回寝室稍作休整。为了完成对代码及硬件的一次次调试，我们每天的人均睡眠时长不超过三个小时，研讨题目，翻阅资料，全身心投入一道道题目当中。最终我们以省赛中的高分成绩，获得前往湖南工学院参加综合测评的资格。然而，由于资历尚浅、准备不足，我们的硬件未能达到综测要求。赛后我们了解到，根据赛事规则，未能完成综测的队伍，将被取消省赛成绩。就这样，四天三夜的努力付诸东流，给当时初次参加比赛、信心满满的我当头一棒，也给我的大学竞赛生涯留下了巨大的遗憾。

但追梦路上，挫折不会熄灭人们心中的火焰，反而让这火焰愈发明亮。综合测评结果公布的当天，我们没有歇息的时间，马不停蹄赶往湖南大学，参与接下来的全国大学生物联网设计竞赛。当时的我感到非常疲惫，第一次对自己产生了怀疑，好在同行的学长和队友一直鼓励着我，让我重新振作起来，准备接下来的比赛。

我们研发的项目是枕轨螺栓涂油养护机。我们准备了很久，也遇到了很多的困难与挫折：顶着炎炎烈日，我们奔赴实地采集数据；实验室的无数个日日夜夜里，我们调试完善产品，渴望以最好的姿态将成果带上赛场。在老师的帮助和团队的努力之下，我们克服了难关，完成了项目。

图 1　产品测试与数据采集

相较于全国大学生电子设计竞赛的遗憾，这次物联网设计竞赛的努力终于换来了成果。我们以华中及西南赛区一等奖的成绩出线，晋级全国总决赛。这次晋级重新激发了我的斗志，也让整个队伍信心倍增，但是我们也深刻意识到，全国总决赛将是一场更严峻的挑战。

备赛期间，我们不断改进、完善产品，优化文档及 PPT，打磨答辩内容。最终由我与另一名队友作为代表前往南京，进行全国总决赛的角逐。看到其余选手的优秀作品，我们感到压力满满。这是我第一次站上国赛舞台，内心十分紧张，但好在结果是好的，我们获得了全国一等奖。我立马将这份喜悦分享给未能来到现场的队友及指导老师。

图2 获奖证书

返程的高铁上，回想这段时间发生的事情，我感到十分梦幻。没想到短短的半个月，能给我带来如此大的情绪起伏，让我清晰地感受到自己的成长。也许正如那句话所说：有人将你从高处推下的时候，恰恰是你展翅高飞的最佳时机。

竞赛不仅是将所学知识转化为成果的途径，更是拓宽眼界、增加阅历的桥梁。我非常感谢学校给予的参赛机会，感谢实验室指导老师们的悉心指导，也感谢在这过程中帮助我的同学们，是他们以爱滋润花朵，让我们能够有机会前往更广阔的舞台。正如泰戈尔所言："尽管走下去，不必逗留着，去采鲜花来保存，因为在这一路上，花自然会继续开放。"没有打不倒的敌人，没有闯不过的难关，学习也同样如此，只要对未来充满希望，时刻铭记自己的初心，我们终能到达彼岸。

作者简介

寻佳威，兴湘学院2021级自动化专业本科生。曾任湘潭大学TI创新实验室智能车负责人。曾获第十九届全国大学生智能汽车竞赛（地平线组）一等奖、（镜头组）二等奖，2023年全国大学生物联网设计竞赛（华为杯）一等奖，第十四届“挑战杯”中国大学生创业计划竞赛铜奖，第二十六届中国机器人及人工智能大赛三等奖等奖项。申请专利4项。

厚积薄发，我自踏雪至山巅

李绍伟

我的竞赛经历，是一段厚积薄发的故事。大学四年，我在信工楼的时间比逸夫楼多得多。回忆起当年的点点滴滴，依然是实验室里的时光最令我怀念。

大一入学不久，在班主任陈洋卓老师的推荐下，我加入了湘潭大学 TI 创新实验室，开启了竞赛之路。大一和大二，我学习了嵌入式开发的基本技能，参加了“互联网 +”“挑战杯”“北斗杯”等多项学科竞赛，还参与了基于北斗高精度定位的智能群枕式长钢轨铺轨机组等工程项目，积累了丰富的技术知识与项目经验。

大三那年，我将目光瞄准湖南省大学生电子设计大赛和湖南省大学生智能汽车竞赛这两项 A 类赛事。它们不仅考验参赛选手的专业技能、创新思维，也对团队协作能力和动手实践能力提出了较高的要求，极具挑战性。我与搭档谢创辉、曹则栋一拍即合，开始了为期一年的备赛。

2021 年暑假，作为实验室竞赛负责人，我望着空荡荡的实验室只能苦笑。随着学长学姐们毕业，实验室的所有辉煌都成了过往，一切都得重新开始。万幸的是，陈洋卓老师和蔡晓雯老师提供了极大的帮助。那段日子，我一个人待在实验室，从购买物料搭建智能汽车竞赛训练场地，到孜孜不倦开展研究。没有学长的“祖传代码”，我就自己分析原理，参考开源项目的 Demo，拿着搭建好的车模在赛道上一遍遍测试。我永远记得在信工楼 202，听着蝉鸣，指尖敲下一串串代码，天空也在不知不觉中泛白。车模成功运行的那个清晨，我骑着从金翰林淘来的自行车，从信工楼一路迎风骑到琴湖吃早餐，那是我大学四年里吹过的最惬意的风。

小车顺利跑了起来，也吸引到了一批优秀的学弟学妹，为TI创新实验室注入了新的血液。很快，2022年全国大学生智能汽车竞赛赛题公布，我和创辉、则栋商量之后决定选择看起来最“炫酷”的极速越野组。这是比赛第一次开放的户外组别，参赛者需利用GPS和陀螺仪以及各种传感器数据，控制车模绕400米操场行驶，速度快者为胜。只是没想到这看似简单的规则，却让我们三人在后面半年“吃尽了苦头”。由于车模只能在操场进行调试，为了避免影响他人，我们只能顶着烈日或是披着星光，在第二田径场和第四田径场一遍遍测试。总之那半年，只要操场安静下来，大概率可以看见一辆小车歪歪扭扭地自主行驶着，后面有人追着跑，生怕它失控。经过无数次代码迭代、电路板改良，小车的性能逐渐提升，赛前已经可以做到30秒内绕400米标准操场行驶一圈。7月，我们带着车模作品先后前往湖南大学、国防科技大学参加比赛。遗憾的是，我们与国赛失之交臂，仅取得了全省第二的成绩。

图1 获奖作品

智能汽车竞赛的失利对全身心备赛近一年的我们来说，是一次沉重的打击。但我们没有灰心丧气，而是整理好心情，立马投入随之而来的湖南省大学生电子设计竞赛。7 月的湖南，骄阳似火。比赛前夕，我和创辉、则栋便“泡”在了信工楼，研究主办方提供的元器件清单。我和创辉准备常用外设的驱动、图像处理算法、控制算法等，则栋负责电子、硬件部分。开赛日很快到来，我们三人全面分析了赛题，决定做最有把握的控制题——双车行驶系统。四天三夜，我和创辉不断研究摄像头的图像处理算法，优化识别效果，改进小车控制算法使其行驶平顺；则栋在有限的时间里提供了最为可靠的硬件平台，设计了小车上搭载的电路板并完成了电路板的蚀刻，为软件的发挥打下了坚实的基础。作品封箱后，熬了几个大夜的我们只感叹道“尽人事听天命”。最终，作品顺利通过专家测评，我们拿下了湘潭大学自 2007 年以来唯一一个湖南省大学生电子设计竞赛一等奖。

图 2　获奖证书

作为一名通信工程专业的学生，如果问我竞赛意味着什么，我会说：竞赛是一个锻炼工程实践能力的第二课堂，你可以把书本上的专业知识和自己的兴趣爱好相结合，知行合一，方能行稳致远。我非常鼓励学弟学妹们积极参与学科竞赛，相信大家一定能够在竞赛中受益匪浅。

作者简介

李绍伟，自动化与电子信息学院2019级通信工程专业本科生。曾任湘潭大学TI创新实验室竞赛负责人。曾获湘潭大学、湘潭市创新创业优秀毕业生等荣誉；2022年湖南省大学生电子设计大赛一等奖、2022年湖南省大学生智能汽车竞赛一等奖等奖项。主持国家级大学生创新创业计划项目1项。

披星戴月行远路，静待繁花满径时

龙荣亮

习近平总书记强调："把科技的命脉牢牢掌握在自己手中。"作为新时代的新工科人，我深刻认识到"实现高水平科技自立自强"的使命担当。本科四年，我怀揣梦想，脚踏实地，敢想敢为，善作善成，在夯实专业基础的同时，参加多项学科竞赛充实自己，参与多项科研项目提升自己，在追光的路上，我也愿意以青春闪耀的光芒照亮他人前行的路。

追随光。2020年，我穿过三拱门，成为一名湘大人。那时的我懵懂迷茫，错过了实验室招新，错过了多场学术讲座。直到观看"AE之星"决赛评比，我才真正找到了追光的方向。在这里，我遇到了很多优秀的学长学姐，他们的演讲深深地震撼了我，他们大多专业成绩稳居前三，手握多项竞赛奖励，有着丰富的科研经历。我鼓起勇气与他们交流，向他们请教，了解他们的故事，发现原来大学生活可以如此精彩：你可以加入学生会与志同道合的朋友在各类校园活动中展现青春活力；你可以扎根志愿服务，躬行社会实践，在共建共治共享的社会治理格局中贡献青年力量；你也可以走进实验室，用专业所学在自己喜欢的领域中发光发热，推动社会进步。

很幸运，我成功加入TI创新实验室的冬令营。因为比其他成员接触实验室的时间晚，所以我在冬令营期间格外刻苦，白天上启航班的课程，晚上补之前落下的内容，常常学到凌晨两三点仍不知疲倦。凭借不断的努力与坚持，我通过了TI创新实验室的考核，正式成为其中的一员。

靠近光。在TI创新实验室，我遇到了一群良师益友。刚进实验室时，我有点不知所措，唯一能做的就是全力以赴对待每一项任务。在这个过程中，我不断向优秀的学长学姐学习，追寻他们的脚步奋力前行。

大二那年，在佳利学长的带领下，我迎来了首个学科竞赛——第三届湖南省大学生智能导航科技创新大赛。团队分工明确，有人负责收集资料、整理文献，有人负责软硬件调试，有人负责准备答辩。当时正值国庆，每个人都铆足了干劲，放弃休假，准备比赛资料，反复调试设备，确保比赛万无一失。最后，我们取得了湖南省一等奖的优异成绩。

荣誉证书
第三届湖南省大学生智能导航科技创新大赛
一等奖
作品名称：北斗精测---基于北斗伪卫星技术的信号拒止条件的高精度地铁检测系统
作品类别：科技制作类
学校名称：湘潭大学
参赛学生：胡佳利、龙荣亮、苏子祎、陈彩
指导老师：蔡晓雯、陈洋卓
湖南省教育厅
二〇二一年十二月

图 1　获奖证书

此后，我不断向优秀的前辈们看齐，虚心向他们请教。一个学长和我说："作为工科生，书本上的原理只是基础，真刀真枪才是硬道理。现实有很多不确定因素，只有现场检验才知道程序、电路设计是否可行，以练代学对于你来说提升会更快。"在他的建议下，从大二下学期开始，我跟着老师和学长学姐做项目，我的代码能力、项目思考能力、解决问题能力在一次次实践中得到了质的提升。

成为光。步入大三，我扛起了实验室的大旗，成为TI创新实验室的负责人，同时，我也担任学院学生会轮值主席和学校学生委员会委员。这一年，我过得很充实，学习、工作、科研填满了我的生活。我组织策划了数十场大大小小的活动，参加的大型赛事数不胜数，但我从不抱怨时间不够，而是努力将每一天的价值发挥到极致，朝着目标一步步靠近。

在竞赛这条路上，我经历过与全国大学生电子设计竞赛省级一等奖擦肩而过的痛苦，也享受过站在全国物联网设计大赛六强角逐赛上，拿下全国特别创新奖和全国一等奖的喜悦。这段历程不仅让我获得了宝贵的实践经验和专业知识，结识了许多优秀的伙伴，也让我获得了数十项国家级和省级荣誉。

图 2　获奖证书

所有的成功都绝非一蹴而就，而是要日积月累地沉淀。竞赛中的成功，首先离不开三年扎根实验室的学习积累，让我能够解决在调试过程中遇到的各种难题，培养出自我创新的能力，也让作品兼具新颖性与实用性，赢得评委和其他团队的认可。其次离不开自信与坚持，漫长的备战周期里，不断地测试、升级，很容易让人产生放弃的想法，自我否定的念头时常出现，总觉得自己的作品不如别人的好。但在团队成员的鼓励和支持下，我们坚持完善作品，在赛场上从容地把最好的一面展现给评委，让付出的努力得到回报。最后离不开对每一处细节的重视，从作品的研发到展示，我们反复打磨、不断更新，因为这些对细节的把握，让我们的作品走得更远。

作为新工科生，我始终牢记姚志强院长说的话：“工科生应走进实验室，而不是泡在图书馆。”因此，我们要用真实的数据说话，敢于试错，才能在新时代的浪潮中彰显价值。奋斗是青春的底色，行动是成长最有效的磨砺，我们要注重巧干与创新，既要努力钻研专业知识，也要积极参与创新实践活动，提升自己的创新、协作、沟通、与管理能力。

感谢湘潭大学，为我们提供了实验室平台，为竞赛作品的诞生提供坚实保障；感谢陈洋卓、蔡晓雯、徐玲林、邓敏等实验室老师，无论多晚都会为我们答疑解惑、给予支持；感谢实验室的师兄师姐以及一起学习的伙伴们，帮助我成长进步。

在竞赛这条路上，我们从不孤单。虽然会经历挫折与失败，但请相信，没有人会一直失败，只要踏实做好每一件事，把握好每一个小细节，始终保持奔跑的姿态拼尽全力，那些披星戴月走过的路，终将繁花遍地！

作者简介

龙荣亮，自动化与电子信息学院 2020 级通信工程专业本科生，保送至湘潭大学攻读研究生。曾任湘潭大学学生委员会委员、自动化与电子信息学院学生会主席、TI 创新实验室负责人，组织策划并举办校、院级活动 30 余场，参加学科竞赛 10 余次。曾获 2023 年全国大学生物联网设计竞赛（华为杯）一等奖、特别创新奖等国家级奖励 2 项，省级奖励 10 余项。发表专利 5 篇。

迎难而上，持续成长

徐珂健

我始终坚信，“机会总是留给有准备的人”。在大学四年宝贵的学习旅程中，全国大学生智能汽车竞赛成为我成长路上十分重要的一部分。这项创新性科技赛事，不仅让我深刻领悟到先进汽车科技与工程实践的精髓，更让我在团队合作中获得了成长与进步的力量。

怀揣着对前沿技术的热爱与对挑战未知的渴望，我积极投入智能汽车竞赛中。备赛过程中，我不仅学会了将课堂上的理论知识转化为实际操作，还体会到了团队合作和项目管理的重要性。回顾竞赛点滴，我经历了挑战和收获，遗憾与成就并存。但更重要的是，这段经历让我深刻地理解了技术与创新之间的联系，培养了解决问题的能力和持之以恒的品格。这不仅是一场竞争，更是一次探索科技边界、锻炼自我的过程。通过参加竞赛，我积累了宝贵的技术经验，也更加笃定未来在科技领域发展的追求和信心。

“初尝试，深刻反思不足。”第一次参加智能汽车竞赛，我和团队虽然经验匮乏，但始终怀揣着探索的初心。初期的摸索耗费了大量时间，致使正式备赛进度拖延，未能如愿在比赛中取得成绩。虽然以遗憾告终，但这段经历让我们深刻认识到智能汽车竞赛的复杂性和挑战性。失败并非终点，而是提升的起点。赛后，团队深刻反思，寻找备赛不足的根源，并为接下来的挑战做好更充分的准备。

图 1　团队合影

“早准备，加快备赛进度。”汲取了第一次比赛的经验教训，我们在 2023 年 12 月便启动新一轮的备赛，制定了详尽的计划。团队分工明确，三人负责不同领域的准备工作，包括选定赛道、准备物资和商讨比赛策略等等。寒假期间，我们全力集训，不断学习新知识、尝试新方案。初代小车在 4 月初成功试跑后，我们加快了备赛进度，不断优化小车控制策略和视觉处理方案。经过六次电路板迭代与无数次调试优化，于 6 月初实现稳定完赛。距离赛区赛仅剩一个月的时间，我们只要有空便聚在实验室调车，使小车速度更快、稳定性更强。

“稳心态，解决突发状况。”华南赛区赛前五天，小车板卡突然损坏，替换板卡不仅昂贵，而且难以获取，我们通过竞赛群求助，得到了一位国防科技大学车友的帮助，成功借到备用板卡。随后，我们前往湖南大学和中南大学智能汽车实验室进行调试，小车顺利完赛。这一经历增强了团队的凝聚力和自信心，使我们更有力量迎接即将到来的比赛。

“尽全力，坦然面对遗憾。”凭借不懈的努力，我们以第六名的成绩获得了华南赛区完全模型组一等奖，成功晋级国赛。国赛前一个月，我们紧张备战，每天都在信息楼集合调车，共同克服难题，调整方案和策略。然而，赛场上的细节失误，使我们未能发挥出应有的水平。尽管留下了些许遗憾，但我们获益良多。从初赛的挫折到决赛的顽强拼搏，团队收获了极大的成长和进步。

第十八届全国大学生
智能汽车竞赛
- 获奖证书 -
湘潭大学兴湘学院 物联网 2 队(队)，在 2023 年第十八届全国大学生智能汽车竞赛中，获得华南赛区完全模型组
一等奖
竞赛组委会：
第十八届全国大学生智能汽车竞赛
组织委员会
主办单位：
中国自动化学会
承办单位：
东北赛区 - 沈阳航空航天大学
华北赛区 - 太原工业学院
华东赛区 - 南京信息工程大学
华南赛区 - 中南大学
西部赛区 - 重庆邮电大学
安徽赛区 - 安徽国际商务职业学院
山东赛区 - 山东大学
浙江赛区 - 湖州学院
总 决 赛 - 天津工业大学
吴澄院士
吴启迪
周杰

图 2　获奖证书

“看长远，坚定信心奋进。”参加智能汽车竞赛的这段经历，不仅让我在技术和知识上有所积累，更重要的是通过直面困难和挫折，使我的内心得到了成长，明白了团队协作的重要性，以及如何在逆境中保持冷静和坚定。未来，我将继续秉持学习和进步的精神，不断完善技术，加强团队协作，以应对更大的挑战，为人生目标而奋斗。

在此，我深深感谢吴老师的无私支持，无论是物资购置、场地协调，还是激励鼓舞，都为我们保驾护航；也感谢每一位给予援手的学长学姐和车友，是你们的帮助，让我们的每一步都更加坚定。

作者简介

徐珂健，自动化与电子信息学院2020级电子信息工程专业本科生，保送至湖南大学攻读研究生。曾获国家励志奖学金，湘潭大学甲等奖学金、优秀团员等奖项10余项；第十六届全国大学生计算机设计大赛二等奖、第十八届全国大学生智能汽车竞赛华南赛区一等奖等奖项10余项。参与国家级大学生创新创业训练计划项目1项，发表发明专利1项、期刊论文1篇。

在代码中找到“自我”

刘伟舟

“如果不是国际大学生程序设计竞赛，我可能不会一直敲键盘到现在。”当年填报高考志愿时，我心目中的理想专业是计算数学，因为我一直很喜欢数学，喜欢解题的过程和得到答案时的快感。误打误撞，我看到了“计算机科学与技术”，以为和数学专业差不多，就果断报了上去。

图 1　获奖证书

大一入学后，发现这原来是个“敲代码”的专业，我才知道自己报错了志愿。当时一门心思想要转去数学与计算科学学院，便一边自学一边为转专业做准备。然而，命运的齿轮在一门课程中悄然转动，那就是谢勇老师的 C 语言课。这是一门充满挑战和成就感的课程，或许和我喜欢的数学有相似之处，所以我在不断刷C语言题目的过程中放下了心爱的数学书，开启了“代码”之路。

一旦开始，便爱得深沉。我开始享受编辑代码带来的快感，而真正让我找到自我的就是国际大学生程序设计竞赛。作为高校级别最高的脑力竞赛，国际大学生程序设计竞赛素来被冠以“程序设计的奥林匹克”的称号。比赛要求以团队的形式代表各学校参赛，每支参赛队伍由三名入校五年内的学生组成，每年最多可以参加 2 站区域选拔赛，而每位选手一生最多可以参加 2 次全球总决赛和 5 次区域选拔赛。

在谢勇老师的指导下，我参与了 2019—2021 年的相关省级（湖南省赛、邀请赛）和国家级比赛（区域赛），最好的成绩是国家级金奖（2020 年南京区域赛）。

算法竞赛训练是一个长期的过程。参赛队员不仅要拥有丰富的知识储备，从基础算术到微积分、高等代数，再到现代组合数学，还涉及前沿的字符串和数据结构算法；更要在 5 小时内又快又准地完成 10—13 个程序的编写、测试和调试。这对参赛学生的逻辑分析、策略制定和脑力具有极大的挑战性。为了拿下比赛，谢勇老师给我们制定了详细周密的训练计划：亲自教授基础知识；安排老队员带学专题；每周组织 3 场模拟赛。在这个过程中，我累计刷题 2100 道。

“敲代码”带给我的，远超竞赛荣誉本身。在专业学习和科研实验中，算法训练使我受益终身：遇到难题时，我能够扛住所有压力，为寻找正确的解决途径坚持到底，学习的本质就在于此；同时，我也能用代码正确快速地实现自己的想法。撰写本科毕业论文时，我从零开始学习 C# 和 Unity，仅用一个月时间钻研，完成了毕业论文的代码实现部分，这也成就了我研一的第一篇文章；硕士阶段研究三维点云重建嵌入三维空间的二维表面问题，我创新性地运用线段树的三维版本——八叉树优化算法，文章最终被中国计算机协会 A 类会议收录。

这些经历影响我的远不止学习和科研，我也在代码中一次次成就自己，一次次突破自己……未来，我会带着这些宝贵的财富一步步证明自己，在代码中实现自我价值。

作者简介

刘伟舟，计算机学院·网络空间安全学院2018级计算机科学与技术专业本科生，保送至北京师范大学攻读研究生。曾获第45届ICPC国际大学生程序设计竞赛亚洲区金奖。2024年发表CCF A类会议论文。

在算法竞赛里“跳动”

屈　京

2016年，我来到湘大，走入信息工程学院，走进网络工程专业，从此与计算机结下了不解之缘。从中国大学生程序设计竞赛，到国际大学生程序设计竞赛，大学四年我参加了很多次算法竞赛，收获了很多奖项，更收获了我的人生。2019年我顺利通过字节跳动提前批面试并成功拿下offer，目前仍就职于字节跳动。

图1　工作日常

作为一名程序员，用最简单的符号展示最全面、最核心的内容已经成为我的“思维定式”，或者说是“肌肉记忆”。若是问算法竞赛带给我的是什么，我想到的最直观的答案就像两条代码符号：其一，算法竞赛对求职面试的帮助；其二，算法竞赛对工作的影响。

算法竞赛在求职面试中占据优势。最直接的帮助便是在笔试测验环节和面试手撕代码环节。2019 年，我参与了腾讯、字节、微软、百度等公司的技术岗笔试，题目类似程序设计实践的考试题。因为有着丰富的竞赛经验，我总能在这类笔试中拿到高分甚至 AK（All Killed）。入职字节跳动后，我和同事闲聊时偶然得知，面试官对我印象很深刻，因为我在 30 分钟内就做完了 4 道笔试题，所以面试官给了我 SP（Special Offer）。这得益于国际大学生程序设计竞赛的高强度训练。我在日复一日的训练中，逐渐积累了多元的解决问题的思路，并形成了高效简洁的思维模式，极大提升了创新能力、团队精神，以及在压力下编写程序、分析和解决问题的能力。

算法竞赛对工作的影响同样深远。有一次，我早早来到公司，看到领导来得比我还早，他没锁的显示器屏幕上显示的是 Codeforces 的界面。后来我问他，怎么工作这么多年了还在刷题，他说做一些 Div2 A、B、C 难度的题，能帮助自己"维持思考"，工作久了人是会变迟钝的。

工作中，当与产品经理讨论需求时，经常会因为某个逻辑而难以达成共识。这时，竞赛培养的思维能力便派上用场，把 Prd（产品需求文档）抽象成一个"题面"，从题面识别出有用的"输入"，再与产品经理确认预期"输出"，最后完成"函数的全部细节"。技术序列经常需要随着业务迭代和个人成长不断点亮更多技能点，这与算法竞赛如出一辙，想要变得更强，就要不断学习提高。拥有竞赛经历的同事，往往在理解力、沟通力与工作效率上更胜一筹，他们热衷于阅读源码，善于归纳总结，分析问题也更加全面。

算法竞赛赋予我的解题思维，早已深深烙印在脑海中。不论是技术硬实力，还是研发软素质，算法竞赛让我受益终身。

作者简介

屈京，信息工程学院2016级网络工程专业本科生，现就职于字节跳动。在校期间有3年的程序设计竞赛经历，多次在国际大学生程序设计竞赛区域赛获奖。

创新创业类

创新创业类学科竞赛通过激发创新思维、孵化实际项目、链接产业资源等路径，对人才培养、经济发展与社会进步产生多维驱动作用。创新创业类学科竞赛为高校科研团队提供了展示平台，促进技术专利与产业需求对接；打破了理论与实践的壁垒，激发了学生的创业精神；加速了技术转化与产业创新，激活了市场活力。

湘潭大学重视学生创新创业能力的发展，获评“国家大学生创新性实验计划”实施单位、国家级创新创业学院建设单位（湖南省属高校唯一）等国家级荣誉，拥有创新创业教育基地26个、大学生创新创业教育中心26个。学校支持创新创业社团建设，成立湘潭大学学生创新创业中心。通过大学生创新论坛、就业创业大讲堂、创业沙龙、交流峰会、训练营等主题文化活动，每年为学生举办100多场创新创业类讲座和培训，接受创新创业指导及参与实训实践学生人数年均达2.7万人次以上。教育部门户网站两次对学校创新创业教育改革进行专题报道。2020年至2024年共有57161人次参与各级各类创新创业学科竞赛，共获得省级以上奖励1253项，其中国家级特等奖16项，一等奖73项，二等奖143项，三等奖171项；省级特等奖16项，一等奖175项。

扎根伟人故里，将湘大红色基因薪火相传

邝宇轩

党的十八大以来，习近平总书记多次强调，要让红色基因代代相传。作为由毛泽东同志亲自倡办、亲笔题写校名，并亲切嘱托一定要办好的大学，湘潭大学自诞生之日起就浸透着浓厚的红色基因，红色已然成为学校的生命色。基于不平凡的创办历史，一代又一代湘大人，自发地肩负起宣传毛泽东思想、弘扬红色文化、传承红色基因的使命。而在我的学习生活中，也始终贯穿着一条以“挑战杯”为主线的红色脉络。

“挑战杯”全国大学生课外学术科技作品竞赛是国家级 A 类竞赛，被誉为当代大学生科技的“奥林匹克”盛会，与“互联网 +”大学生创新创业大赛共同成为全国高校中参与度广、含金量最高的两大双创赛事。在 2021 年第十七届“挑战杯”全国大学生课外学术科技作品竞赛红色专项活动中，我们团队（邝宇轩、陈雯婷、刘丹、尹曼舒、汪易慧芝）的调研项目《代号“711”——关于中国核工业第一功勋铀矿红色故事传播的调研》荣获全国特等奖。

为庆祝中国共产党成立 100 周年，第十七届“挑战杯”大赛组委会在主体赛的基础上另设红色专项赛道，挖掘与传承具有重要意义的红色文化，参赛作品要求为一份一万字的调研报告与一个五分钟的短视频。研一寒假，我看到校赛通知后，立马想到之前实习时接触过的家乡的一个矿区旧址。1955 年，毛主席作出了发展原子能事业的战略决策，而位于湖南省郴州市的 711 矿，正是“两弹一星”工程的重要一环，它为第一颗原子弹、第一颗氢弹升空提供了重要的铀原料，中国核工业奠基人刘杰同志更是赞誉它为“中国核工业

第一功勋铀矿”。然而，随着老一辈核工业人的相继离世，红色资源正急速流失，红色故事也鲜为人知。如何讲好711矿的故事，传承好“两弹一星”精神，让红色基因代代相传，具有一定的探索空间和重大的选题价值。在这一背景下，我和文学与新闻学院及物理与光电工程学院几位不同专业的朋友组成了调研队伍，立即开展对这一红色旧址的调研。

图1　参赛作品

校赛提交时间设在开学前，因此整个调研基本只能在寒假完成。调研伊始，我作为团队负责人又是之前唯一接触过这个调研点的成员，在过年期间马不停蹄地搜集相关资料，寻找联络人。功夫不负有心人，大年初四，我通过之前实习时候的老师联系上了矿区一位“矿二代”易老师。易老师本人不仅是矿区变迁的亲历者，同时也是矿区红色故事的记录者。但实地调研工作烦琐且耗费精力，加上正值新年，我们前期并没有得到易老师的青睐。经历了几轮线上沟通，我又叫上两名队员与易老师进行了一次线下面谈，一一陈述调研项目的具体方案，最终才真正打动对方，促成了之后对他本人以及矿区目前在世的一些“矿一代”老人的采访，获得了很多宝贵的一手视频、文字资料，为我们整个调研过程提供了极其重要的物料。

从提交校赛作品到最后站上国赛答辩现场，虽然只经过了“短暂的”三个多月，但整个过程对所有团队成员来说，堪比一场磨砺和淬炼。针对作品调研报告和短视频，团队起初只是和指导老师沟通；到了省赛阶段，我们根据省里专家给出的修改意见进行完善；再到之后的国赛，团队多方拜访校内专家征询修改意见，根据专家组几次模拟答辩的意见进行调整。由于各个老师提出了不同的修改意见，我们需要不断权衡，因此报告的总体框架也被反复打碎重来……每轮修改都充满了艰辛和疲惫，但又为更加完整的框架、更加清晰的表达而由衷欣喜，每位成员都在为了作品最后的完美呈现而竭尽全力，毫无怨言。

决赛在四川大学举行，在答辩前的现场抽签分组环节，进入决赛的106个团队被分成5组。分组之后的拷贝PPT环节是现场公开的，大家可以看到同组其他选手的题目以及大致的PPT内容。我和另一位答辩成员充分利用这个环节，提前了解到与我们类型相似度较高的团队并未分在同一组，最后以良好心态走上正式答辩的赛场。答辩汇报之后，评委老师问到如何理解“誓干惊天动地事，甘做隐姓埋名人”这句话，调研中如余开泉老人一般的矿工代表就是这句话最生动真实的体现，在革命年代为了国家战略埋头苦干、拼命硬干，与家人断联隐姓埋名数十年如一日，不顾核辐射的危险在50多度的矿井下艰难作业，而在如今和平年代不居功自傲，过着依旧朴素平凡但怡然自得的生活。正是翔实的调研，有条不紊的汇报，真切的回答，让作品的现场评分排在所有作品的前25名，顺利摘得红色专项全国最高奖项的荣誉，湘潭大学也成为该届专项赛中湖南省唯一一所拿到特等奖的本科院校。

大赛取得的优异成绩离不开团队成员的倾力而为，也同样离不开校团委、文学与新闻学院，以及项目指导专家们对人才培养和双创竞赛的重视。刘建平校长、刘中望校长、赵猛部长、张月朗书记、周鹏飞书记、杨逍老师、张模蕴老师、李明扬老师、田小文老师、伍喆老师……各位恩师对调研报告书写、PPT 呈现、视频拍摄、答辩展示等环节进行的深入指导，在比赛的各个阶段给予的帮助和支持，学生铭记在心，在此无法一一列举，向各位再次致以最真挚的感谢。

图 2　获奖证书

比赛落下帷幕，赛后团队获“挑战杯”特等奖事迹被湖南省教育厅、共青团湖南省委、《湖南日报》、湘潭大学官微等媒体报道，获得广泛社会关注及良好反响。而在整个备赛过程中，红色精神也早已入脑入心，我曾多次作为主讲人在湘潭大学“湘韵”研究生论坛、双创交流峰会、双创青年说等场合进行学习及竞赛经验分享，讲好中国核工业故事，自觉做一名红色文化的挖掘者、传播者、弘扬者，通过持续的努力和实践，不断拓展红色故事的影响力和生命力。

作者简介

邝宇轩，文学与新闻学院2020级中国语言文学专业硕士研究生，现就职于湘潭大学研究生院。曾任校团委创新创业学院学生主任。曾获研究生国家奖学金，湘潭大学“伟人之托”奖学金、“校长奖”奖学金、优秀研究生干部、三好研究生，湘潭市优秀毕业生等荣誉。

铭湘非遗，书湘大红色传承与创新

杨廷玉

植根于伟人桑梓，沐浴于红色基因之泽。作为湘大学子，时时刻刻都能感受到浓厚的红色文化氛围，这种氛围潜移默化地指引着我们追逐前人步伐，传承红色基因，发扬湘大精神。

图 1　获奖证书

全国大学生电子商务“创新、创意及创业”挑战赛（简称“三创赛”）是由教育部高等学校电子商务专业教学指导委员会面向全国高校（含港澳台地区）举办的大学生竞赛项目，是教育部、财政部“高等学校本科教学质量与教学改革工程”重点支持项目。2023 年，在第十三届全国大学生电子商务“创新、创意及创业”挑战赛常规赛道——三农电子商务赛中，我们团队（杨廷玉、徐玟、刘婷、魏铫、张玉龙）的参赛项目《布亦乐乎——打造拼布新国玩，助力非遗 + 红色发展》获得湖南省级一等奖。

对接国家需求。2022 年 5 月 27 日，习近平总书记在第十九届中央政治局第三十九次集体学习中提到：文物和文化遗产承载着中华民族的基因和血脉，是不可再生、不可替代的中华优秀文明资源。要让更多文物和文化遗产活起来，营造传承中华文明的浓厚社会氛围。要积极推进文物保护利用和文化遗产保护传承，挖掘文物和文化遗产的多重价值，传播更多承载中华文化、中国精神的价值符号和文化产品。2020 年 9 月 16 日，习近平总书记在湖南郴州沙洲村考察时讲到“半条被子”的故事，这个故事体现了中国共产党人的初心和本色，当年红军在缺吃少穿、生死攸关的时刻，依然想着老百姓的冷暖，老百姓也由此理解了什么是中国共产党领导的人民军队。重温这个故事，仍然倍受感动。因此要用好这样的红色资源，讲好红色故事，做好红色教育，让红色基因代代相传。

提出现实问题。大布江拼布绣是在传统女红技艺——拼布的基础上发展而来，以各色碎布拼贴缝合为主要工艺，具有浓郁的湘南特色的刺绣种类，由于集中分布在湖南省郴州市永兴县大布江乡一带而得名。但随着技术的发展，1988 年后市面上的布绣产品多是机器生产，大布江乡坚持用手工制作拼布绣产品的人越来越少，几近濒危。如何让古老的大布江拼布绣焕发出新的光彩？如何让旧时代的技艺融入新时代的生活？如何让 Z 世代看到拼布绣？如何开拓拼布绣的市场？这些是我们需要思考的问题。

设计总体思路。结合政策号召和非遗发展状况，我们提出借助沙洲村红色资源，前期专注打造拼布绣红色文创体验产品，牢牢抓住红色文创这一细分市场，提升“布艺乐乎”品牌知名度，推动“非遗 + 红色”融合发展，同时解决拼布绣产品缺乏故事性、红色文创产品形式单一和红色旅游 / 研学体验缺乏趣味性等痛点。“布艺乐乎”正式推出“拼布绣 + 红色故事”系列文化体验产品，巧妙地将红色元素融入大布江拼布绣载体中，致力于将拼布绣的传承发展与新时代做好红色教育的需求相结合，在 Z 世代之间形成长久竞争力。“布艺乐乎”推出品牌 IP“布妮子”，以 IP 拟人化的视角挖掘产品背后的拼布绣和红色文化内涵，助力非遗文化和红色文化的同步传播。“布艺乐乎”积极探索“高校 + 政府 + 企业”的教育合作模式，推动“非遗 + 红色”走进思政教学课堂、研学教育基地和红色旅游景区等。

图 2　项目计划书

开展实地调研。布艺乐乎工作室于 2022 年 2 月成立，并开始对大布江拼布绣发展现状进行研究，对市场进行调研。团队前往郴州开展实地调研，积极和拼布绣传承人何娟女士进行深入交流，同时通过问卷、走访、亲身体验等多种形式全方位深入了解拼布绣。7 月，团队初步进行品牌构想、设计和规划，通过不断分析拼布绣的特点，积极寻求与红色文化的交叉点。为了扩展生产线，展现品牌优势，团队初步构想从“学”“创”“悟”“用”四个角度进行产品设计与开发，同时入驻微信公众号、小红书、微博等媒体平台进行拼布绣和红色文化宣传。12 月，对产品使用场景进行实地调研，并对前期产品有了初步的想法和设计后，团队为了更好地完善产品形态和实用性再次进行大规模市场调研，通过调查问卷、大数据分析等方式调查市场人群对红色文化的了解程度和学习想法。

设计系列产品。2023 年 3 月，工作室进行产品设计和模型制作，综合考虑年轻人的喜好和研学场景的适配度，最终确定了投入研学场景使用的产品“拼物语 – 拼布书”，完成红色系列里“半条被子”故事的场景设计、人物设计和套装设计，并根据产品使用对象的不同设计了三个版本。为了丰富体验感，团队提出结合 H5 和 AR 来进行教学演示，提升用户使用的交互感受。在此期间，团队积极产出“拼布绣 + 红色”系列周边产品，并积极参与各类文创比赛，如“第五届湖南文化旅游创新创意大赛之‘遇见郴州’”等来提升品牌曝光度。5 月，开设线下试运营并进行调研，在高校毕业之际，借校园文创活动开展的机会，布艺乐乎工作室开设“布妮子”主题集市，获得了消费群体（包括大学生、中青年老师和周边居民等）的一致认可，产品被一扫而空，这也侧面反映了创新型“非遗 + 红色”文化产品可以打破红色文创产品创新不足的固有印象，吸引更多的青年群体，逐渐实现红色文创产品的出圈效应。

集中备战比赛。2023 年 5—6 月，我们集中准备三创赛。三创赛分为两个阶段，校赛通过后能顺利晋级省赛。有了前期的积累，根据三创赛常规赛道的规则，我们从项目立意、开展过程、营销模式等方面书写项目计划书，制作相应的 PPT，书写答辩稿。在比赛过程中，大家各司其职，沟通顺畅，合作无间。感谢指导老师对我们的指导和提点，大到对项目书各个环节逻辑的把控，小到流程图上符号的修改，正是老师们精益求精的态度和耐心的指点，才让我们的项目更上一层楼。

省赛在湖南文理学院举行，虽然最终只有三名成员一同前往常德，但我们还是做好了答辩展示的准备。答辩前反复背诵答辩稿，练习答辩展示时的走位，提前准备了布妮子团队专属队服，并将产品带到答辩现场依次展示。答辩时，我们以一种轻松愉悦的方式与台下老师进行互动，虽然在回答问题的环节准备略有不足，但总体能用“顺畅”二字概括。

比赛落下帷幕，我们结识了不同学校的同学，见识到了不同方向以及主题的参赛项目，不论是项目思维还是项目展示都对我们有所启示。而在备战三创赛的整个过程中，我们致力于发扬湘大精神，展现湘大学子良好的精神风貌，以讲好红色故事为核心，担任湖南非遗的宣传者，积极探寻红色文化与非遗的商业新模式。赛后，我们收获了荣誉奖项的喜悦，同时也意识到竞赛最重要的不是结果，而是为之努力并享受的过程。

作者简介

杨廷玉，机械工程与力学学院 2020 级工业设计专业本科生。曾任校级学生组织副主席及本科生党支部委员。曾获湘潭大学甲等奖学金、三好学生，湖南省优秀毕业生等荣誉；学校认定学科竞赛国家级、省级奖项 10 余项。

热处理赛场铸青春

苏　阳

在2023年的中国大学生机械工程创新创意大赛材料热处理创新创业赛中，我们团队有幸获得国家一等奖。这项荣誉不仅是对个人专业知识与技能的认可，更是我成长道路上的一次重要激励。

图1　获奖证书

中国大学生机械工程创新创意大赛材料热处理创新创业赛由中国机械工程学会主办，中国机械工程学会热处理分会和高校共同承办。该赛事已连续五次入选中国高等教育学会发布的“全国普通高校大学生竞赛排行榜”观察目录，受到各高校和相关行业的普遍关注，是展示大学生创新能力和实践技能、促进学术交流、激发创意思维、培养团队协作能力的重要平台。参赛之初，我的目标很明确，即通过这次比赛，加深对材料热处理理论知识的理解，提升实践操作能力，拓宽视野。材料热处理是材料科学、物理学、化学等多学科交叉的领域，其深奥与精妙一直吸引着我。要在这个领域取得好成绩，不仅需要扎实的理论基础，还需要丰富的实践经验和敏锐的洞察力。作为团队负责人，我主要负责项目介绍，参与热处理工艺的设计以及最终答辩。为了提高队伍的水平和竞争力，陈旭老师为我们提供了专业耐心的指导。赛前，我们进行了多次模拟演练，不断完善参赛作品的设计方案及理念，提高热处理工艺的创新性及合理性，培养现场展示的专业素养。

在大家的共同努力下，我们以赛区第二名的成绩通过了初赛。初赛成绩在最终的结果评判中占有不小的分量，因此我们拥有了极大的信心。喜悦之余，我们迅速投入紧张的备赛中。在决赛到来之前，我们从题库的几十道题中，挑选比较热门的进行演练，如齿轮和丝杠。但到了真正的抽题环节，我们抽到的题目是曲轴。这是一个大家都不怎么了解的赛题，我们只能花费更多的时间去学习它、了解它，然后战胜它！从早上 8 点到晚上 11 点，我们全身心投入，这种状态一直持续到比赛前三天，此时的我们已经准备充分，跟随陈旭老师踏上了前往江苏科技大学的旅途。

决赛现场答辩环节，我们表现出色，展示了扎实的理论功底和出色的实践能力，最终取得了理想的成绩。正是赛前的每一次模拟，让我能够从容不迫地展示；正是老师们的专业指导，让我能条理清晰地回应评委；正是小组成员的通力合作，让项目尽善尽美。比赛期间，我们收获了与同龄人交流学习的宝贵经验。来自不同院校的选手在比赛中相互切磋、共同进步，我不仅学到了许多新的知识和方法，还学会了从不同角度看待问题，更加全面地分析问题、解决问题。

图 2　指导老师与参赛队伍合影

回顾整个比赛过程，我明显感受到自己的成长与进步，同时也认识到，想要在材料热处理领域取得成就，不仅需要扎实的专业基础，还需要勇于探索的精神和不断学习的态度。通过参加热处理比赛，我系统地学习了相变、热传递等重要概念，让我对热处理理论知识有了更深入的理解和掌握。

团队协作是比赛成功的核心。我们依据成员的专业背景和技能优势，进行了明确的分工：一部分成员专注于理论研究，深入挖掘热处理的机制；一部分成员负责实验设计，制定出高效的热处理流程；还有成员专门负责制作 PPT，确保我们的成果得到清晰展示。在 PPT 制作过程中，我们集思广益，精心规划内容和布局，以突出我们的研究成果和创新之处。面对问答环节，我们团结协作，共同构思答案，确保回答既准确又全面。演讲时，我们相互扶持，相互激励，以保证演讲的连贯性和吸引力。正是这种团队精神，让我们在比赛中展现出卓越的实力，最终赢得了评委和观众的高度评价。

通过参加这次比赛，我深刻认识到热处理技术的重要性和发展潜力。在未来的学习和工作中，我将继续深入研究热处理技术，探索新的方法和工艺，关注热处理领域的最新研究动态，积极参与学术交流和科研合作，不断提高自己的专业水平和创新能力。同时，我也将尝试将其他领域的先进技术应用到热处理领域，如人工智能、大数据等，为热处理技术的发展注入新的活力，为材料科学研究和制造业发展贡献力量。

作者简介

苏阳，材料科学与工程学院2020级金属材料工程专业本科生，保送至湘潭大学攻读研究生。曾获湘潭大学、“伟人之托”奖学金、乙等奖学金、三好学生、优秀团员、优秀毕业生等荣誉；2023年中国大学生机械工程创新创意大赛材料热处理创新创业赛一等奖等奖项。

用数据讲述海洋故事

李可昱

在研究生生涯中，“科研”始终是我的初心，引领我持续探索科技创新的广阔天地。攻读硕士期间，我致力于遥感数据与时序预测的交叉研究，将理论学习与实际应用紧密结合，优化深度学习时序预测方法，在导师的指导下积极参与多项科研项目，努力为时序预测与遥感数据分析的发展贡献自己的力量。

“挑战杯”全国大学生课外学术科技作品竞赛是一项具有导向性、示范性和群众性的竞赛活动，被誉为当代大学生科技创新的“奥林匹克”盛会。“揭榜挂帅”专项赛为特别竞赛单元，以“你来挑，我来战”为主题，崇尚“英雄不论出处，谁有本事谁揭榜”，秉承“以国家重大需求为导向、以竞争协同机制为手段、以解决实际问题为目标”的思路，以“政企发榜、竞争揭榜、开榜签约”的方式，通过“征榜—发榜—竞榜—评榜—夺榜”，由政府、企业等单位提需求出题，组委会面向高校广发“英雄帖”，学生团队打擂揭榜。

我作为团队负责人，带领“海天语色”团队报名参加“海洋生态环境的遥感大数据智能预报”这一主题的比赛。在这一过程中，我们从全球海表温度预测起步，构建了基于多级残差调控估计与物理可解释性增强的智能预测系统，逐步完善并实现了全球海洋热浪预警框架，最后迁徙应用于中国南海重点区域三维海温预测。正是这种坚持与突破，让我们在竞赛中不断超越自我，最终取得全国一等奖的成绩。这段经历不仅是一次科研能力的提升，更是一场锻炼团队协作与创新精神的精彩旅程。

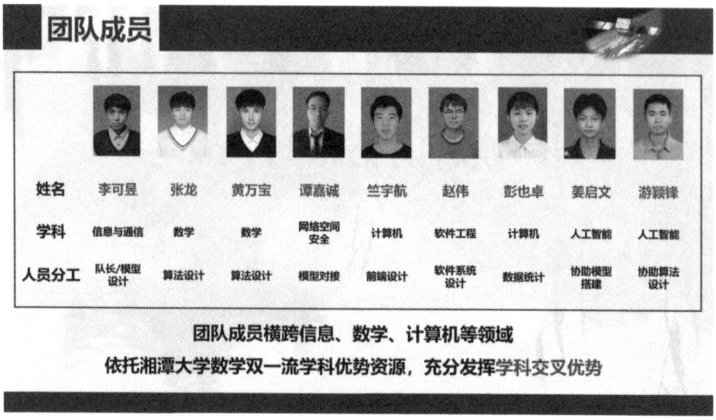

图 1　团队成员

学科交叉，逐梦海洋。“挑战杯”全国大学生课外学术科技作品竞赛“揭榜挂帅”专项赛作为全国高校学生科研创新的重要平台，汇聚了无数学术英才与优秀作品。2024 年度“揭榜挂帅”专项赛于 4 月发榜，共有 56 个前沿性、应用性和可赛性较强的选题，其中自然资源部第二海洋研究所发榜题目“海洋生态环境的遥感大数据智能预报”正好与我的研究方向相关，尤其是研究成果可以用来解决实际问题，能够提高我的科研实践能力，因此我对这一赛题充满兴趣。

在与老师简单商讨后，我决定参加比赛。经过老师推荐并综合考虑个人兴趣，我们的参赛团队很快组建完成。团队成员横跨数学与计算科学、自动化与电子信息、计算机三个学院，由三名研究生和六名本科生组成，是名副其实的多层次、多学科交叉融合团队。因此，我们的团队分工和任务细化能够做到十分精准，这也为我们的国赛之旅奠定了良好的基础。

团队分工，持续打磨。由于团队成员来自不同学科专业，各有优势，很快就搭建起一套合理的分工合作机制，由我和两位数学与计算科学学院的研究生同学负责攻关模型算法优化，计算机学院·网络空间安全学院的同学负责整个演示系统前后端的搭建。湘潭大学不是海洋类专业院校，并没有非常专业的海洋类学科知识，于是团队决定扬长避短，发挥湘潭大学数学“双一流”学科优势，将本校在遥感和应用数学方面的前沿研究，应用到该领域内。我作为技术负责人，带领团队深入分析海洋生态环境遥感大数据专业知识，最终选定海表温度这一关键海洋生态要素进行研究。

很快，团队从海表温度的空间与时间特性，提出了物理可解释性增强和多级残差调控估计的海表温度预测方法。该方法强化了模型从历史数据中学习周期性特征的能力，同时顾及短期时序预测中的时间通道贡献度。结合数学模型，在损失部分加入物理增强模块，利用变系数热扩散原理和潜在非线性物理规律作为正则项，提高模型的可解释性。设计多级残差估计器，根据前一级的预测结果和残差进行调整，进一步提高模型的预测精度。从团队组建到提交初赛作品，历时 5 个月，我们在模型构建、实验验证、结果优化和系统搭建中不断完善作品。

图 2　终审答辩现场

我们采用“小组—任务—人员”的三级管理模式，每周定期召开研讨会，讨论本周项目进展，同时将下一周任务分工下发，高效推进项目。暑假期间，团队成员放弃假期，每天于数学与计算科学学院 B527 办公室全力冲刺项目，从数据处理到模型训练，从文档撰写到系统搭建，大家密切协作，逐步攻克技术难题。同时在 7 月，我们到海洋二所交流学习，得到了很多宝贵的经验，在最后一个月内，又对作品做出了突破，将海表温度研究扩展到三维海温预测研究，并在中国南海重点海域，进行了三维海温预测，实现了“横向到边，纵向到底”的海温预测目的。

全力以赴，冲刺终审。提交初赛作品后，团队并未松懈，一直在持续打磨作品。而收到参加终审通知后，我们开始冲刺终审答辩。在此过程中，我们深刻意识到细节决定成败。指导老师为我们提供了大量建议，从理论模型的完善到演示文档图表的优化，我们逐一攻克。作为核心成员，我还负责终审答辩，需要充分准备演讲和问询。我们准备了近 30 版答辩 PPT，演练了上百次。功夫不负有心人，最终，团队在全国总决赛中脱颖而出，荣获全国一等奖，创造了湘潭大学在“揭榜挂帅”专项赛中的新成绩。

参加“揭榜挂帅”专项赛的这段经历，让我深刻理解了团队科研的力量。从科研探索到团队协作，从理论研究到实际应用，我更加明确自己的方向。未来，我将坚持在科研的道路上继续发展，用智慧与创新在科学研究领域书写更多可能性。

作者简介

李可昱，自动化与电子信息学院 2022 级硕士研究生。曾获湘潭大学甲等奖学金等荣誉；第十九届“挑战杯”全国大学生课外学术科技作品竞赛 2024 年度“揭榜挂帅”专项赛全国一等奖等奖项。参与发表 SCI 论文 3 篇，专利 1 篇。

以赛为马，妙笔生花

张　灿

初入大学，我怀揣着满腔热血和无限憧憬，踏上了人生的新阶段。回首这段旅程，从懵懂无知到不断成长，直至最终顺利保研，心中感慨万千。

大一的我，对一切都充满新鲜与好奇。相较于高中，大学生活有着更高的自由度，学习方式也发生了变化。起初，我对于如何安排学习和生活感到迷茫。为了尽快融入新环境，我加入了很多学生社团，参与了很多活动。然而，过多的课外活动，加之对自由时间规划不当，我一度忽视了学业，成绩也不尽如人意。直到一次与辅导员的谈话，我才明白：大学不仅是拓展社交的舞台，更是学习和提升自己的重要阶段。我需要重新规划时间，找到学习与活动的平衡点。

大一下学期开始，我逐渐减少不必要的活动，把更多的精力转移到学业上。同时，我也积极参加学科竞赛和科研项目，希望通过实践提升动手能力和创新思维。大二时，我有幸加入胡凯教授的本科生项目组，开启科研之旅。当时的我对于科研没有太多概念，只知道这是一个需要长期积累和不断探索的过程。在导师的指导下，我从基础训练入手，逐步开展机器学习、深度学习模型推导及代码实现，认真进行英文论文阅读与汇报，掌握了一些科研基础知识。其间，我参与的大学生创新创业训练计划国家级重点支持领域项目“基于 CNN 和 Transformer 协同的多模态肾脏肿瘤分割与分类算法研究及系统设计”顺利结题并评为优秀。在该项目中，我主要负责分析腹部多器官、息肉、细胞核等多个数据集，设计和实现深度学习网络模型及智能多目标医学影像分割网站前端。

在科研的过程中，我遇到了许多困难：实验结果与预期不符时，需要重新调整实验方案；阅读文献时，面对专业术语和前沿方法困惑不已，需要反复查找资料。但每一个困难、每一次挑战都是成长和提升的机会，我逐渐意识到，科研不仅是对知识的探索，更是对耐心和毅力的考验。

如果说大二是积淀的一年，那么大三则是收获的一年。这一年，我积极参加各类学科竞赛。竞赛不仅是对知识掌握程度的检验，更是对团队协作与应变能力的考验。在准备竞赛的过程中，我与队友通力合作，分工明确，充分发挥各自的优势。我担任作品“EfficientSeg——基于 CNN 与 Transformer 协同的智能多目标医学图像分割系统”第一负责人，带领团队参加了第十六届中国大学生计算机设计大赛，获得了国家级二等奖的好成绩。

图 1　课题组讨论

在第十八届挑战杯全国大学生课外学术科技作品竞赛“黑科技”专项赛的比赛中，我们获得了国家级特等奖，这也是湖南省唯一一个特等奖。备赛过程无疑是辛苦的，那段时间里，团队成员既要完成学业任务，又要准备比赛材料，在实验室加班到凌晨两三点成为常态。为了完成复杂的实验和精确的数据分析，我们常常在实验室里一待就是好几个小时，反复讨论方案、解决问题，不断调整和优化设计。在这段难忘的经历中，我学会了如何在高压环境下保持冷静，如何有效地分配时间和资源，以及如何通过团队的力量去克服一个个看似无法逾越的难关。这些宝贵的经验不仅提升了我的专业能力，也让我在今后的学习和工作中更加坚定信心。这个特等奖不仅是荣誉的象征，更是我们共同努力的结晶，是对我们不懈奋斗的最佳回报。同时，我也明白了团队合作的重要性，个人的力量是有限的，只有团结协作，才能发挥出最大的潜力。而作为计算机专业的学生，我也深知代码能力的重要性，课余时间主动学习算法知识、坚持刷题，并在第十四届“蓝桥杯”全国软件和信息技术专业人才大赛中获得二等奖。

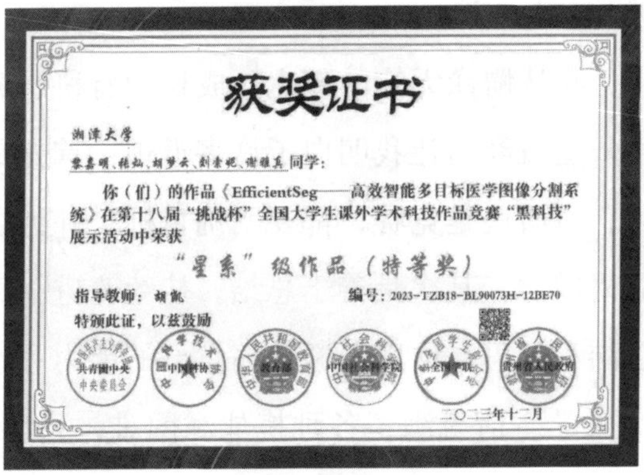
获奖证书

湘潭大学

黎嘉明、张灿、胡梦云、刘素妮、谢雅真同学：

你（们）的作品《EfficientSeg——高效智能多目标医学图像分割系统》在第十八届“挑战杯”全国大学生课外学术科技作品竞赛“黑科技”展示活动中荣获

“星系”级作品（特等奖）

指导教师：胡凯　　编号：2023-TZB18-BL90073H-12BE70

特颁此证，以兹鼓励

二〇二三年十二月

图2　获奖证书

经过两年的积累和沉淀，我在科研方面逐渐有了一些心得和成果。大三下学期，我开始撰写自己的第一篇学术论文。在胡凯老师的指导下，我反复修改和完善论文内容，力求做到逻辑严谨、内容翔实。经过几个月的努力，我提出了一种新型的基于 CNN 与 Transformer 相结合的网络模型，标记为 GDTNet，通过一个三并行分支结构捕获尺度内和尺度间的特征信息。以我为第一作者的论文“GDTNet: A Synergistic Dilated Transformer and CNN by Gate Attention for Abdominal Multi-Organ Segmentation”已发表于 CCF 推荐国际学术会议 MMM 2024。这不仅是我科研道路上的重要里程碑，也为我保研申请打下了坚实的基础。同时，我也凭借科研成果及各类学科竞赛奖项，获得了2023年国家奖学金。

大三暑假，我决定申请保研到中南大学，并着手准备各项相关事宜。首先，学科成绩是最重要的。本科阶段，我的绩点排名专业第一，在此基础上，我认真准备成绩单、科研成果、获奖证书等材料。其次，我积极参加保研面试的培训，练习面试技巧和自我介绍。同时保持良好的心态，不因竞争激烈而过分紧张。在参加中南大学夏令营期间，我凭借扎实的专业知识和丰富的科研经历，顺利通过各项考核，被评为优秀营员。这一刻，我感到无比的激动和欣慰，所有的努力和坚持都得到了回报。最终在大四初，我成功获得保研名额，顺利保研至中南大学。

回顾大学时光，我从懵懂无知的新生，成长为有科研成果、竞赛奖项并成功保研的大学生。这段经历让我明白了许多道理：首先是坚定目标，持之以恒。无论是学习、科研还是竞赛，都要明确目标，并为之不断努力。只有坚持不懈，才能取得成功。其次是善于总结，持续改进。每一次成败都是宝贵的经验，通过总结和反思，可以不断提高自己的能力和水平。最后是保持心态，面对挑战。大学生活充满了各种挑战和困难，只有保持积极的心态，勇敢面对，才能不断成长和进步。

未来，我将继续保持对知识的渴望和对科研的热爱，在研究生阶段追求更高的学术成就。我相信，只有不断努力和坚持，才能在学术的道路上走得更远。

作者简介

张灿，计算机学院·网络空间安全学院2020级计算机科学与技术专业本科生。曾获第十八届“挑战杯”全国大学生课外学术科技作品竞赛“黑科技”专项赛特等奖、第十六届中国大学生计算机设计大赛二等奖、第十四届“蓝桥杯”全国软件和信息技术专业人才大赛二等奖等奖项。参与大学生创新创业训练计划国家级重点支持领域项目1项。发表CCF C类推荐国际学术会议论文1篇。

以奋斗之笔，绘食工蓝图

曾彦霖

“褚小者不可以怀大，绠短者不可以汲深。”大学四年，我在不断求索中夯实专业基础，立志为祖国的食品行业贡献青春力量。参与全国食品专业工程实践训练综合能力竞赛和全国大学生化工设计竞赛是我大学生活中最宝贵的经历，如今回忆起来仍然记忆犹新。

明确方向，精益求精，勇攀高峰。全国食品专业工程实践训练综合能力竞赛是面向全国食品类专业大学生的全国性赛事。大一那年，听闻许多学长学姐在这个比赛中获得了不错的成绩，作为食品专业的学生，参与其中便成了我的一个小目标。随着专业学习的深入，我特别想进入食品工厂学习，亲手操作设备，了解日常所吃的零食、饮料、啤酒等食品的生产工艺。这项赛事不仅融合了食品工艺学、食品保藏原理等专业知识，还涵盖食品工厂虚拟仿真操作和食工原理实验操作，是我们深入了解食品专业的平台，我下定决心参加这个比赛。

经过选拔，我成功进入湘潭大学代表队一队，并于 2023 年 7 月开始了为期一个月的集训生活。夏日炎炎，我们六名队员分成两组，在小小的自习室内交流经验、深挖书本。指导老师耐心指导我们掌握知识点，同时也会和大家谈心，缓解赛前的紧张情绪。如今想来，这段时光是整个比赛中最有意义的一个月。我们聚焦每本书的细节，分析了大量习题，对虚拟仿真环节的计算与思考题反复打磨。终于，我们来到佛山参加南部赛区总决赛，尽管面对陌生的比赛环境与题目，但湘潭大学两支代表队仍脱颖而出，分别以第一、第二的成绩获得了南部赛区特等奖，赢得前往西北农林科技大学参加全国总决赛的宝贵机会。

赛区赛的成绩给予了我们充分的信心，但我们深知全国总决赛将面临更大的挑战。总决赛加入了实验操作环节，因此在备赛过程中，团队三名成员每天都待在化工原理楼中，反复操作传热系数测定和流体阻力系数测定实验。对于实验报告的书写，我们更是不敢马虎，前前后后大概写了好几十个版本，力求能在这个环节取得高分。最终，这份努力在总决赛中开花结果，我们在实验实操环节突破性地获得了全场最高分，并凭借出色表现，以总分全国第一的成绩荣获国家级特等奖。

图 1　获奖证书

不惧失败，磨砺以须，终见其成。全国大学生化工设计竞赛是教育部认可的全国大学生高水平学科竞赛之一，包含化工工艺设计、设备选型、流程图绘制、三维模拟等众多内容。作为连续两年的参赛者，我认为这项比赛十分贴近实际生产情况，需综合考虑地理、安全、销售、交通等诸多现实要素。

比赛前期，最重要的就是进入科创中心学习。科创中心下设工艺、工程、平面和立体四个小组，每个小组各自负责比赛的一个部分。参赛的两年间，我连续参加了立体、平面两个小组，想多学习一些相关知识。第一年参赛时，因为对比赛的采分点、时间安排等认识模糊，最终没能取得好的成绩。第二年，我重整旗鼓，组建了新的队伍参赛。

从 2022 年底到 2023 年 7 月底，这段漫长的备赛时光成为我印象最深的一段记忆。团队每周都会开小会，讨论各自的工作进度。我们一开始便在工艺选择和厂址选择上犯了难，于是反复向指导老师请教。易老师十分耐心且专业地和我们一起分析设计方案，这种感觉就好像真的要修建一个化工厂一样。我主要负责厂区三维模拟及一些平面图的绘制，从一个小小的比赛题目，到几万字的策划书、几十页的工程图纸，心里有满满的成就感。

回顾两年比赛历程，我认为坚持是成功的关键。作品提交后，经过近半个月的焦灼等待，我们终于等来了喜讯，团队以湖南地区第一名的成绩进入华南赛区总决赛。当时我正在另一项比赛结束返程的高铁上，心情十分激动。随后，团队马不停蹄投入赛区赛备战，针对参赛作品进行了近十天的精心打磨和答辩准备，以华南赛区金奖的好成绩挺进了全国赛。这一刻，喜悦和忐忑交织而来。虽然赛区赛成绩优秀，但对比往年全国赛强队作品，仍有很大的差距，可以预见，全国赛一定是一场硬仗。此时，指导老师成了我们最强有力的后盾。备赛期间，我们积极和多位专业老师沟通，其中熊伟老师在绘图方面给了我很大的帮助。短短一周内，从设备间距、管道压力等级划分，到安全间距以及设计合理性的完善，我们查漏补缺、精益求精，几乎将图纸全部重塑了一遍。

全国总决赛在青岛举行。第一轮答辩结束后聚餐，大家商量着不论结果如何都要保持良好的心态。没想到，湘潭大学 M.T.A 队成功进入第二轮答辩，这也意味着我们进入了全国十二强，获得了国家级特等奖，这是科创中心自 2009 年成立以来第一个国家级特等奖。欣喜过后，我们很快返回酒店，和老师们继续优化答辩内容，争取做得更好。

荣誉证书
CERTIFICATE OF HONOR
“天正设计杯”第十七届全国大学生化工设计竞赛
特等奖
获奖学校：湘潭大学
获奖学生：杨宇萌、胡艳、刘志豪、王捷、曾彦霖
指导教师：揭嘉、易争明、熊伟、李正科
中国化工学会
中国化工教育协会
二〇二三年八月

图 2　获奖证书

竞赛是学校为我们提供的提高自己的平台，我十分感谢学校以及易老师、车老师等指导老师，让我们能够有机会到更大的舞台展示自己。一时的失败并不可怕，只要心中有规划、有目标，成功就在不远的将来。

作者简介

曾彦霖，化工学院 2020 级食品科学与工程专业本科生，保送至中国农业大学攻读研究生。入选 2023—2024 年度“中国大学生自强之星”。曾获国家奖学金等荣誉 11 项；第五届全国食品专业工程实践训练综合能力竞赛特等奖、“天正设计杯”第十七届全国大学生化工设计竞赛特等奖、第八届全国大学生生命科学竞赛（科学探究类）三等奖等奖项 15 项。参与科研项目 3 项，发表 SCI 论文（JCR Q1）1 篇、EI 论文 1 篇，申请发明专利 1 项。

不为彼岸，只为海

高枫林

初入大学时，抱着对高考的一丝遗憾和对保研的强烈欲望，我做任何事都充满了功利心。成功保研上岸后，回望过去三年多的时光，感慨万千，想说与你们听，与大家共同进步。

出于对保研的强烈愿望，我入学后便仔细研读了学院的保研细则文件，了解到专业成绩在保研评定中占比最大，竞赛、论文、项目、荣誉等也占据不少分值。于是，我制定了“大一卷绩点、英语，大二、大三卷竞赛、科研”的基本策略，踏上为了保研这个终极目标的“卷”途。那时的我还没有意识到上大学究竟是为了什么，就已经陷入了“为分数而学习”的怪圈。

大一阶段，我将大部分精力放在专业课学习上。课堂上全神贯注听讲，课后认真完成作业，面对考试积极备考。那段时间的不懈努力，不仅为后期保研奠定了坚实基础，也让我收获了自信。在这里，我想告诉同学们，大学一年级绝不能敷衍了事，我很感激那时的自己。

步入大二，适应了大学的节奏后，我开始着手科研与竞赛相关的学习。一次偶然的机会，我有幸加入郝国林教授的课题组，进行初步的科研训练。对于本科生来说，科研之路充满挑战，白天上课，课余时间便泡在实验室做实验、学习，还要参加组会，经常半夜才从实验室回宿舍。走在路上看着天上的星星，虽然很辛苦，但我感受到了科研的乐趣。功夫不负有心人，我成功获批国家级大学生创新训练项目。那段时光，我很开心，纯粹地沉浸于知识探索，不再盲目“内卷”，而是真正体会到了学习的意义。

图 1　与老师深夜讨论进度

大二后期，我参与了大学期间对我影响最为深远的比赛——中国国际大学生创新大赛（简称国创赛）。这项比赛难度很大，初期推进十分困难。幸运的是，在郝国林老师的悉心指导下，我们开展跨学院合作，首次代表湘潭大学闯入国赛。遗憾的是，由于经验不足，我们止步于网评阶段，最终只获得铜奖。

这段留有遗憾的经历，推动我们再度进军国创赛。有了第一年的经验，团队开始早早布局。郝老师带领我参加各类学术会议与项目培训，积累项目经验；逐字逐句修改项目申报书与演示文稿，从 2024 年 1 月一直到 10 月，不曾停歇，累计修改了一百多版。项目组讨论会经常持续至深夜，老师办公室的灯也总是亮到凌晨。

作为一项兼具商业性质的比赛，外出与企业洽谈合作是必不可少的。对于那时还很青涩的我来说，这项任务充满挑战。好在多位老师主动挤出时间，带领学生团队外出对接企业、签订合作协议。事实证明，优秀的老师加上得力的组员，会产生“1+1 ＞ 2”的效果。国创赛看似艰难，在专业团队与老师的支持下，逐渐变得触手可及。正如古人所言“千里马常有，而伯乐不常有”，优质的教师指导是比赛成功的基石。

备赛路上，我由衷感谢老师们与团队成员的付出。2024 年 10 月，我们终于收获努力的果实，首次踏上国赛现场赛的舞台，获得银奖，追平了湘潭大学在该项赛事中的历史最佳成绩。

图 2　团队合影

在我看来，比赛的结果并不是最重要的，最值得回味的是全力以赴的过程。尽管最终还是与金奖失之交臂，但我们并不后悔，因为努力过了，就没有遗憾。国创赛于我而言，不仅仅是科研知识的学习，更锻炼了团队组建、协作攻坚等综合能力。

大三暑假，我决定冲击山东大学的保研名额。为此，我提前做好了充分准备：本科阶段始终保持专业第一的综合排名，认真整理成绩单、科研成果、获奖证书等材料；重要的是，我以平和的心态面对挑战，只要尽力就不会为结果遗憾。面试环节中，我凭借扎实的专业知识和丰富的科研经历，顺利通过了各项考核。收到录取结果的那一刻，我感到无比激动和欣慰，所有的努力和坚持都得到了回报。最终，我成功获得保研资格，顺利保送至山东大学。

回顾大学生活，我最大的收获并非保研成功，而是完成了从盲目“内卷”到明确目标的蜕变。无论是选择读研深造，还是投身职场打拼，每条道路都有其独特的价值，重要的是知道自己到底想要什么。“卷”本身无可厚非，关键在于你是为了什么而“卷”，无目的地“卷”，只会让自己内耗。

保研只是人生旅途中的一站，并不等同于大学时期的全部成功。真正的成功，是以自己的方式走出自己的路。就像渡河，彼岸的风景固然值得期待，但奋力游向目标的过程才更加宝贵。

作者简介

高枫林，物理与光电工程学院 2021 级光电信息科学与工程专业本科生，保送至山东大学攻读研究生。曾获 2023 年中国国际大学生创新大赛铜奖、2024 年中国国际大学生创新大赛银奖等奖项。共同第一作者发表 SCI 一区论文 2 篇，合作作者发表 SCI 一区论文 1 篇，申请国家发明专利 10 项。

创引乡品路，逐梦电商潮

傅欣然

党的二十大报告指出，高质量发展是全面建设社会主义现代化国家的首要任务。实现高质量发展，创新创业具有重要战略地位。作为颇具影响力的全国性品牌赛事，全国大学生电子商务“创意、创新及创业”挑战赛承载了无数青年大学生创新创业的星火心愿，犹如一盏明灯，点亮了大家为民生发展、为人才培养沐光而行的赤诚之心，为新文科创新人才培养以及跨学科创新人才培养提供了更好和更大的舞台。在湘大求学的几年时光里，依托这项商务部电子商务专业虚拟教研室主要支持赛事，我用足迹为产教融合、乡村振兴事业贡献了青春智慧。

图 1　团队合影

初识三创，小试锋芒。大二那年，在专业老师的鼓励下，我初次接触创新创业类竞赛，“一穷二白”的我加入了同样“一穷二白”的团队。校赛期间，团队通过问卷调研、下寝调查、提问采访等方式开展市场调查，发现大学生对零食有即时性需求；同时，受绿色低脂生活理念的影响，他们对减脂低脂类食品拥有较大的需求。基于此，我们将休闲零食与低脂食品作为主推产品。

针对零食类产品，团队着重从销售价格、配送服务和销售创意三个角度思考，最终确定了低价销售、无门槛送货和“零食盲盒”的三重有力措施。我们积极与南北特食品有限公司达成合作，确保货源成本优势，同时在1688、拼多多、兴盛优选等电商平台择优采购了多种零食，以略低于市场价的价格出售。此外，推出“一小时内无门槛送货上门”服务，快速建立起价格优势与配送服务优势。针对年轻人追逐潮流的特性，团队推出“零食盲盒”，内含不同种类的小零食以及小礼物，定价合理且满足消费者猎奇心理，并采用线上配送与线下摆摊相结合的售卖方式，展现了团队的创新性。对于低脂类产品，团队通过对比分析校内外轻食店数据，在工作日晚餐时段以及休息日全天，推出鸡胸肉、午餐肉、鸡蛋三明治等产品，在保证口感与控制热量的前提下，降低价格，实现销量新突破。最终，团队凭借出色表现获得校赛一等奖。

孜孜以求，志在千里。“路漫漫其修远兮，吾将上下而求索。”校赛圆满落幕，但我们志在千里，继续在新的比赛征程中探索前行。校赛期间开展的新媒体推广、社群运营与流量积累等营销运营活动，为省赛阶段的顺利转型奠定了良好的用户基础与物质基础。我们深知小额零食代销和自制低卡产品的局限性与短期性，积极与指导老师刘湘蓉老师沟通团队转型思路。团队实地走访了多家湖南本土企业，在与企业负责人的交流沟通中，了解到许多湖南特色的“一乡一品”，如湘莲、龙牌酱油、十八洞杯茶、湘乡米粉等。走过亭亭玉立的荷花池，走进忙碌有序的生产基地，走近乡土主题的直播间，那一刻，我们真切领悟到深化产教融合、拓宽“一乡一品”销售渠道的真正意义。这些独具特色的“一乡一品”不应沉寂在淤泥纵横的池塘里，它们完全可以焕发出全新活力，走进校园，搭乘电商发展的快车，走向全国各地。

“人心齐，泰山移。”在三创赛的漫长赛程中，经过不断磨合与成长，我深刻体会到团队协作的重要性。团队成员各展所长、各司其职，每个人都在赛程中掌握了新的知识技能，实现了自我的突破，为未来发展创造无限可能。感谢刘老师与队友的信任，支持我设计品牌 logo、产品新包装，鼓励我撰写演讲稿以及视频文案等。这些工作使我掌握了 AI、PS、剪映等软件的基础操作，提升了文字功底，拓宽了知识视野，更让我拥有了团队协作的能力。点滴温暖，铭记于心。那些携手攻克难关的日子充实而又美好，因为我始终坚信，我们是一个团队。

图 2　获奖证书

万里蹀躞，喜摘硕果。赛场风云，华章风采依旧。从省赛三等奖到国赛一等奖，从几乎绝望到重燃希望，我们呈现出了华章日新团队的实力与风采。无论是初出茅庐的直播环节，还是紧张激烈的答辩环节，队员们都沉着应对——身着传统服饰，以湘莲精神为内核，用行动彰显湘大人的专业素养与创新能力；以《味享记——一乡一品助力乡村振兴的校园超市》项目，诠释

“敢于创新、勇于实践、追求卓越”的三创精神。最终，该项目在第十三届三创赛中荣获全国一等奖。

硕果累累，鼎力相助。能够在三创赛中取得优异的成绩，离不开团队成员的万里蹀躞，也少不了诸位老师、电商专业前辈以及合作企业的大力支持，我们会始终铭记于心、感恩于怀，期待未来在电商浪潮中再次与诸位相见。

终会有时，我们不虚此行。青春因少年慨然以赴而更加美好。聚散终有时，难以忘怀的是团队成员并肩奋斗的时光。故事的最后，让我再喊一次团队的口号：“湘莲甲天下，潭莲冠湖湘。若要寻好莲，还要看华章。”愿我们培风图南，行至天光。

作者简介

傅欣然，商学院 2021 级电子商务专业本科生。曾获第十三届全国大学生电子商务“创新、创意及创业”挑战赛全国总决赛 [产教融合（BUC）实战赛] 一等奖。

扎根伟人故里，传承红色基因，贡献青春力量

全灵慧

踏入三拱门，置身伟人故里，脚下的每一寸土地都承载着深厚的文化底蕴，流淌着奔腾不息的红色血液，此刻的我仿若站在巨人的肩头。大学期间，我汲取伟人奋发进取的精神力量，在工业设计领域不断探索专业与社会需求的融合路径，将所学知识付诸实践，发挥专业特长服务社会，持续为传承红色基因贡献青春力量。

求学阶段，我积极参与专业老师主持的各类课题研究。在推进课题项目的过程中，我将研究成果转化为参赛作品，投身学科竞赛与创新创业类赛事，收获颇丰。其中，对我影响最深，且对我专业学习具有启蒙意义的经历，便是参与傅燕翔老师主持的非遗文化传承与创新项目研究。从刚开始的参与者，到后来作为高年级学生的带领者，我成长了很多，也收获了很多。

积累经验，突破自我。大一期间，我致力于夯实专业基础，同时也希望通过自我挑战实现成长，而学科竞赛便是很好的锻炼机会。我开始搜索相关资料，整理竞赛信息，了解赛事流程。在这个过程中，我意识到，仅掌握书本中的基础理论知识远远不够，还需要深入了解社会需求，关注前沿研究和设计动态，掌握做好一个完整设计作品的技能和方法。当时我初入大学，以纯粹的学习心态参与学科竞赛。虽然在备赛过程中遇到了一些困难与挫折，但我也清晰认识到自身在理论与技术层面的不足，并针对性地下功夫学习和攻克。这段经历，为我的未来发展奠定了坚实的基础。

大一下学期，在与学长学姐的交流中，我逐步了解到傅燕翔老师的湘潭

纸影非遗传承项目，并对这一领域产生了浓厚兴趣，随后顺利加入了这个优秀的团队。起初，我参与到学姐负责的湘潭纸影交互游戏界面设计工作中。那时，我对 Procreate 和 Figma 软件的操作还较为生疏，缺乏自信的我一度担心难以胜任。幸运的是，学姐给予了我充分的信任。我边摸索学习边绘制，快速掌握了这两款软件的使用技巧，最终高质量完成任务。我们合作的作品获得第 15 届全国三维数字化创新设计大赛湖南赛区二等奖。这次自我突破，不仅提升了我的专业能力，更让我收获了满满的信心。

全国三维数字化创新设计大赛
Digital-Design-Dimensions Show
龙鼎奖
赛　　区：湖南赛区
获得奖项：二等奖
参赛院校：湘潭大学
参赛团队：追影者纸影文化品牌工作室
指导教师：傅燕翔
团队成员：张爽　全灵慧　朱慧芬
参赛作品：“影藏家”—湘潭纸影非遗数字化游戏设计
参赛板块：开放赛项
参赛方向：数字文化设计大赛
2022年10月
科学技术部　教育部　工业和信息化部　中国科学技术协会　指导
大赛官网：https://3DDS.3DDL.net

图 1　获奖证书

2022 年 7 月，我加入 2020 级谢学姐组织的“影寄乡兴——‘纸影戏’文化传承与产品创新”暑期社会实践团。随后，与团队一同前往湘潭市鹤岭镇开展调研，参观升平轩纸影博物馆，拜访湖南皮影省级传承人吴升平和纸影戏影偶制作技艺省级传承人吴渊，探究纸影与现代社会接触的现状。在此期间，我第一次近距离感受湘潭纸影的风貌，了解其制作工艺与表演形式。吴升平老先生自建湘潭纸影博物馆，一生坚守方寸舞台，精雕细刻纸影人偶，为传承湘潭纸影戏非遗文化四处奔走，我被老先生的这种精神深深打动。在采访吴渊的过程中，我进一步了解到湘潭纸影非遗传承的现状、疫情对非遗传承工作的冲击，以及未来的发展方向等情况。我深刻意识到，只有贴近民生、深入实地才能了解到真正的问题，而这正是开展设计实践的重要基础。

8 月，在傅燕翔、兰浪两位老师的带领下，我与学长学姐代表纸影项目团队，参加第八届中国国际“互联网 +”大学生创新创业大赛青年红色筑梦之旅赛道的国赛答辩。第一次参加这种高级别赛事的答辩，我难免有些紧张。但团队学长学姐的鼓励、答辩专家组的专业指导，以及傅燕翔老师和兰浪老师的悉心关照、及时复盘，加之李明扬、余祥杰、张月朗、张模蕴等老师长期以来的支持，让比赛过程较为顺利。最终，团队荣获第八届中国国际“互联网 +”大学生创新创业大赛铜奖，以及“建行杯”第八届湖南省“互联网 +”大学生创新创业大赛产业命题赛道三等奖。寒假期间，我尝试制作“影藏家”表情包，系统学习了动效表情包从制作到微信平台上架的完整流程，并成功完成作品发布。

第八届中国国际“互联网+”大学生创新创业大赛

获奖证书

Certificate of Award

谢杰妮、张爽、罗霞、蒋鑫、郭玉峰、毛琛、全灵慧、谢婧希、来柯颖、李静怡、华辰凯、焦一诺、刘婷、杨廷玉、徐泽洋：

你们的作品《书影述史 ——“纸影+党史”文化体验与产品创新》，在第八届中国国际“互联网+”大学生创新创业大赛中荣获 铜奖

指导教师：傅燕翔、李明扬、余祥杰、张月朗、张模蕴

特发此证，以资鼓励。

主办单位：

教育部、中央统战部、中央网络安全和信息化委员会办公室、国家发展和改革委员会、工业和信息化部、人力资源和社会保障部、农业农村部、中国科学院、中国工程院、国家知识产权局、国家乡村振兴局、共青团中央、重庆市人民政府

中国国际“互联网+”大学生创新创业大赛组委会

证书编号：202320378

图 2　获奖证书

传承非遗，勇担使命。进入大二、大三学年，传承非遗文化的重任交到我们 2021 级学生手中。随着数字化、元宇宙时代的到来，传统非遗传承亟须探索的数字时代发展路径。于是，我们主动肩负起新时代传承非遗文化的使命，探寻湘潭纸影的创新发展。团队积极响应党和国家非遗保护号召，翻阅

大量文献、视频资料，并于2023年带着新的问题再次下乡，拜访传承人吴升平老先生和吴渊老师，与他们一同探讨我们的创新思路，着重了解纸影人偶制作的具体步骤以及纸影戏表演的操作方式。基于扎实的前期调研，团队与指导老师充分研讨，决定开展湘潭纸影数字仿真与互动系统设计项目。该项目成功获批国家级大学生创新创业训练计划立项。同年暑期，我们在三下乡社会实践中，积极宣传湘潭纸影非遗文化，共发表新闻稿件41篇，其中17篇登上国家级媒体平台，团队获评校三下乡优秀团队。实践期间，成员还对文创包装进行设计构思，将湘潭纸影与地方特产相结合，以特产礼盒为载体，赋予其深厚的历史文化内涵。最终，团队设计的“莲城拾影”湘潭纸影非遗特产礼盒获得中国包装设计大赛三等奖。

在项目持续推进过程中，我们发现，凭借本专业知识完成一个完整的数字虚拟博物馆，存在技术难度高、工程量大的问题。为此，我们主动联动计算机、商学院等专业的伙伴及技术人员，共同攻克技术难关。目前，团队已顺利完成系统构架、IP设计、场馆搭建等工作。我们积极完善作品，踊跃参与各类竞赛，在实践中发现和改进不足之处。同时，我们注重传承，引导新一届学弟学妹接过非遗传承项目的接力棒，不断充实、改进非遗传承工作，抓紧完善创新创业计划书，并斩获第十一届“挑战杯”湖南省大学生创业计划竞赛银奖。对于团队全体成员而言，走近非遗——了解非遗——爱上非遗，直到共同肩负起传承弘扬中国优秀传统非遗文化使命的过程，是大学生涯中独一无二的宝贵经历。而以历史使命与社会担当为导向，调研发现问题——归纳反思问题——实践解决问题的过程，也将深深烙在每一位设计学子的心中，并贯穿今后设计生涯始终。

大学的这段经历对我来说十分宝贵。将对专业的热爱融入社会实践与服务，为响应国家需求而努力尝试，在竞赛与项目实践中体验失败与成就，经历每一个起伏，我深刻感受到个人与祖国是同向同行的。专业知识的拓展，不仅引领我走向更广阔的世界、探索更多未知的事物，也促使我深入基层，了解民生百态。在三年的探索与实践中，我对“何为好的设计”有了清晰的认知：符合国家和社会需要，真正解决人民需求痛点，切实推动社会、民生发展的设计就是好的设计。

比赛的收获离不开团队成员的协力奋进，同样也离不开校团委、机力院以及项目指导专家团的大力支持。刘建平教授、张月朗书记、傅燕翔老师、李明扬老师、兰浪老师、余祥杰老师、张模蕴老师等众多恩师（难以一一列举），在项目前期调研、计划书修改、PPT 呈现、答辩展示等环节给予悉心指导。这份恩情，我将铭记在心，在此向各位致以最真挚的谢意。在这一过程中，红色精神早已入脑入心。未来，我将继续发挥专业所长为社会办实事，自觉成为中华优秀传统文化的传播者与弘扬者，以青春之力拓展红色文化的影响力与生命力。

作者简介

全灵慧，机械工程与力学学院 2021 级工业设计专业本科生。主持国家级大学生创新训练计划项目 1 项。曾获湘潭大学丙等奖学金、三好学生、共青团信息工作先进个人等荣誉 6 项；第八届中国国际“互联网 +”大学生创新创业大赛铜奖、“建行杯”第八届湖南省“互联网 +”大学生创新创业大赛产业命题赛道三等奖、第十二届湖南省大学生工业设计竞赛一等奖等奖项。

奋楫笃行，履践致远

许 晴

时光不待人，正所谓，“风好正是扬帆时，奋楫逐浪向未来”。在参加材料热处理大赛探索未知的过程中，我收获了“进一步有进一步的欢喜”。

大二的一个课间，听同学们谈论参加比赛，我的第一反应是：“我成绩平平，又没有比赛经验，真的可以参加吗？”三年后的我可以笃定地告诉当时的自己：“是的，你可以。”在陈旭老师和李小波老师的悉心指导下，我带领团队成功入围材料热处理大赛国赛。大三学年尾声，我们获得了中国大学生机械工程创新创意大赛材料热处理创新创业赛一等奖，我也顺利保研至中国科学技术大学（中国科学院金属研究所）。在这段难忘的参赛历程中，我也结识了许多良师益友。

图 1 获奖证书

中国大学生机械工程创新创意大赛材料热处理创新创业赛作为材料领域

的专业赛事，是一项面向高校材料科学与工程及相关专业在校大学生开展的全国性竞赛活动。大赛内容覆盖了新材料开发、热处理、表面改性工艺技术及应用成果，涉及关键部件的选材、工艺制定、设备选择、质量控制及检验，是高校培养优秀工程技术人才和创新型人才、为行业储备后备力量、为我国制造强国战略提供智力支撑的优质平台。

近年来，湘潭大学材料科学与工程学院始终秉持“以赛促教，以赛促学，以赛促创”的理念，将科研竞赛融入专业教学，强化学科竞赛与相关课程建设的结合，积极探索赛教资源相融合、赛教过程相融合的“赛教融合”的创新人才培养模式，激发了学生学习的自主性、积极性与创新性，营造出学生积极参加学科竞赛的良好氛围。

扎实的专业知识基础是顺利完成比赛的关键。在学习了材料科学基础、钢的热处理及金属材料学等专业课程后，我考取了见习热处理工程师资格证。在备考过程中，我意识到现实中的热处理工程化运用所需的远不止书本上的知识，还需要诸多实验操作以及文献阅读的经验积累，有量的提升才会有质的飞跃。

校赛和赛区赛是团队磨合与能力检验的重要阶段，需要团队成员能够融会贯通地运用专业知识。参赛队伍自拟题目，限时汇报科研成果，并回答专家评委的专业提问。同时，团队合作也至关重要，要充分发挥每位成员的优势，博采众长。从校赛到国赛决赛的几个月时间里，我们既是队友，更是朋友，将心比心，才能共同进步。

备赛的几个月里，我对金属材料工程专业有了更加深刻的认识。以往学过的知识，通过热处理流程设计，不再是抽象枯燥的文字，这让正在读研的我，受益至今。竞赛中遭遇的挫折、成员间的意见分歧与商讨，让我领悟到理解与尊重的真正含义，只有学会合作，才能实现共赢。面对困难，我们要抓住问题本质，敢于尝试、付诸实践，而不是畏难观望、错失良机。短暂而精彩的大学生活，每一个阶段都至关重要。正如鲁迅所言：“愿中国青年都摆脱冷气，只是向上走，不必听自暴自弃者流的话。”

山不让尘，川不辞盈，人生亦是如此。努力向前的路途往往充满荆棘，但只要不停止脚步，终将实现梦想。祝湘大人行而不辍，万里可期。

作者简介

许晴，材料科学与工程学院2019级金属材料工程专业本科生，保送至中国科学技术大学（中国科学院金属研究所）。曾任学院团委学生会副书记、新媒体中心副部长、英语辅导员助理、“风采月”决赛主持人、书画协会宣传部干事等职。曾获湘潭大学甲等奖学金、“伟人之托”学业奖、三好学生、优秀学生记者、优秀学生干部、优秀社会工作者、志愿服务先进个人，湖南省优秀毕业生等荣誉近20项；2022年中国大学生机械工程创新创意大赛材料热处理创新创业大赛一等奖、2022年湖南省电子显微摄影大赛三等奖等奖项。

致 谢

合上这本承载着学生学科竞赛珍贵记忆的书籍，字里行间不仅承载着同学们的个人成长足迹，更勾勒出湘潭大学学科竞赛蓬勃发展的壮阔画卷，这段凝聚着智慧与汗水的征程，因多方力量的托举而闪耀光芒。

衷心感谢湘潭大学领导对学科竞赛工作的战略擘画与全力支持。你们将学科竞赛作为人才培养的重要抓手，高屋建瓴地制定发展规划，从专项资金、竞赛激励政策等方面为学子们搭建了逐梦舞台。在竞赛的备赛关键节点，你们亲临现场调研指导，用殷切的话语点燃师生斗志。在获奖的荣耀时刻，你们与大家共同分享喜悦，这份关怀与重视，成为推动学校学科竞赛事业不断攀升的强大动力。

特别感恩广大指导老师的倾囊相授与默默坚守。你们以扎实的专业素养和无私的奉献精神，化身学生成长路上的引航者。在备赛的日夜里，实验室、研讨室的灯光常亮，那是你们与学生反复推演方案、攻克技术难题的身影。面对复杂的学术挑战，你们凭借深厚的学术功底和丰富的竞赛经验，抽丝剥茧、循循善诱，将晦涩的理论转化为解题密钥。是你们用严谨的治学态度和创新的教学方法，培养出一批批在学科竞赛中勇创佳绩的湘大骄子，让湘大精神在赛场上熠熠生辉。

向每一位刻苦拼搏的参赛同学致以最崇高的敬意。你们以对知识的热忱和对挑战的无畏，在学科竞赛的舞台上书写湘大传奇。从清晨图书馆的伏案疾书，到深夜实验室的反复验证；从校内选拔赛的激烈角逐，到国际赛事的巅峰对决，你们用坚韧不拔的毅力和开拓创新的勇气，一次次突破自我、刷新纪录。正是你们的拼搏奋进，让湘潭大学在国内外学科竞赛版图上留下了浓墨重彩的印记。

同时，也要感谢学校教务处、各学院以及学科竞赛组织部门。你们搭建的竞赛服务平台，从赛前培训到后勤保障，从资源协调到成果推广，每一个环节的精心筹备，都为竞赛的顺利开展提供了坚实保障。那些组织竞赛讲座、协调专家指导、安排模拟演练的忙碌身影，是竞赛背后不可或缺的力量。

最后，向所有关心支持湘潭大学学科竞赛发展的校友、合作伙伴和社会各界人士致谢。你们的经验分享、资源链接和精神鼓励，让湘大学子在竞赛路上行稳致远。

这本凝结着无数心血的书籍，是对过往的总结，更是新征程的起点。未来，愿我们继续携手同行，续写湘潭大学学科竞赛的辉煌篇章！

图书在版编目（CIP）数据

我的学科竞赛成长之旅 / 喻祖国，刘中望主编 ；王威燕，张静副主编．-- 湘潭 ：湘潭大学出版社，2025.6．-- ISBN 978-7-5687-1812-7

Ⅰ．G642.3

中国国家版本馆 CIP 数据核字第 20254N7X09 号

我的学科竞赛成长之旅

WO DE XUEKE JINGSAI CHENGZHANG ZHI LǙ

喻祖国 刘中望 主　编

王威燕 张　静 副主编

策划编辑：渠珊珊
责任编辑：渠珊珊
封面设计：李　平
出版发行：湘潭大学出版社
社　　址：湖南省湘潭大学工程训练大楼
电　　话：0731-58298960 0731-58298966（传真）
邮　　编：411105
网　　址：http://press.xtu.edu.cn/
印　　刷：长沙超峰印刷有限公司
经　　销：湖南省新华书店
开　　本：710 mm×1000 mm 1/16
印　　张：12.75
字　　数：190 千字
版　　次：2025 年 6 月第 1 版
印　　次：2025 年 6 月第 1 次印刷
书　　号：ISBN 978-7-5687-1812-7
定　　价：68.00 元